FRANÇOIS
TRUFFAUT

Cet ouvrage a été réalisé
sous la direction de Claude-Jean Philippe

Dans la même collection

GÉRARD DEPARDIEU
ALAIN DELON

ISBN 2-232-10128-2

LES NOMS DU CINÉMA

FRANÇOIS TRUFFAUT

CLAUDE-JEAN PHILIPPE

LE CLUB DES STARS
Seghers

CELTIQUE

COMMENT DEVIENT-ON FRANCOIS TRUFFAUT ?

François Truffaut a sans doute été réellement, comme Antoine Doinel, le héros des *400 coups,* initié précocement à la solitude morale, à l'incompréhension, au mensonge. Un enfant paralysé par la violence de ses émotions, et bouleversé très tôt par la naissance de ses puissants désirs.

Cette enfance, il me semble qu'il faut la raconter à la fois discrètement et ouvertement, obscurément et nettement, comme il l'a évoquée lui-même à plusieurs reprises, dans *Les 400 coups* bien sûr (1959), mais aussi dans *La nuit américaine* (1973), où elle surgit soudain à la faveur du rêve, et dans *L'Homme qui aimait les femmes* (1977) où elle retrouve sa place — essentielle — parmi les souvenirs du personnage.

L'anecdote importe peu. Nous n'avons pas très envie de savoir — quelle importance après tout ? — si son père a vraiment ressemblé à celui d'Antoine Doinel, et si sa mère était bien cette femme, sensuelle, égoïste, froide, pas très intelligente, dont il se souvient avec un mélange de curiosité et de détachement, lorsqu'il filme la comédienne qui incarne la mère d'Antoine Doinel, ou lorsqu'il parle d'elle — sa véritable mère — en quelques mots, dans ses interviews.

À force de revoir les films et de relire les entretiens accordés par Truffaut, on finit par se représenter la scène : de part et d'autre de l'infranchissable frontière, la mère et l'enfant se tiennent sur leurs gardes, sans s'affronter directement, mais sans — pour autant — s'épargner. François Truffaut adulte n'assouvit aucune sorte de rancune. Lorsqu'il consent à évoquer précisément ses années d'enfance, il ne marque pas d'émotion. Ni regret ni révolte. Comme si les faits se suffisaient à eux-mêmes. Comme si la simple honnêteté consistait pour lui à ne pas esquiver les questions que lui pose, par exemple, Aline Desjardins en 1971.

Oui, il est né à Paris le 6 février 1932 d'un père architecte et d'une mère secrétaire à *L'Illustration*. Oui, sa première enfance s'est déroulée entre ses deux grands-mères, l'une qui aimait les livres, et l'autre qui habitait à la campagne. Il ne dit pas combien de temps il a passé chez ses propres parents dans l'appartement de la rue Henri-Monnier, non loin de la place Pigalle.

FRANÇOIS TRUFFAUT, 1939. UN ENFANT SOLITAIRE, ATTENTIF, SECRET.

— On vous imagine solitaire et très fermé, lui dit Aline Desjardins. Est-ce à cause du fait que vous avez dû beaucoup circuler et être attaché à des personnes différentes dès le bas âge ?

□ Certainement, répond Truffaut, et puis ma mère ne supportait pas le bruit, enfin je devrais dire, pour être plus

précis, qu'elle ne me supportait pas. En tout cas, je devais me faire oublier et rester sur une chaise à lire, je n'avais pas le droit de jouer ni de faire du bruit, il fallait que je fasse oublier que j'existais.

Ces quelques phrases, terribles, ne contiennent pourtant aucun jugement. Lorsque la mère d'Antoine Doinel rend visite à son fils au parloir du centre d'éducation surveillée dans l'avant-dernière scène des *400 coups*, elle se condamne elle-même par la dureté de ses paroles :

— Nous étions prêts à tenter une expérience en te reprenant à la maison, dit-elle à Antoine, mais ce n'est plus possible à cause des ragots des voisins. Sans compter que tu as dû te plaindre dans tout le quartier.

— Ce n'est pas vrai, maman, je n'ai rien dit, répond Antoine.

— Oh, remarque, j'ai l'habitude. Toute ma vie, j'ai eu les imbéciles contre moi. Eh bien voilà, c'est tout ce que j'avais à te dire. Inutile d'apitoyer ton père en jouant les martyrs. Il m'a chargé de te dire qu'il se désintéresse complètement de ton sort désormais. Tu es bon pour les enfants de troupe ou le centre d'apprentissage.

Antoine ne réagit pas. Il se contente de regarder sa mère sans pleurer, ni protester. Nous avons vu des larmes lui échapper quelques minutes plus tôt derrière les barreaux du fourgon cellulaire, lorsque les images du Paris nocturne semblaient saluer tendrement son départ. Cette fois, il se tait et il fixe de ses yeux secs une femme incapable de mesurer le poids de ses paroles sur l'esprit d'un enfant malheureux.

Chez un autre adolescent, l'amertume, et sans doute la haine, se seraient accumulées. Pas chez Doinel ni chez Truffaut. C'est à croire qu'il range déjà les péripéties de son aventure personnelle parmi les mille et une observations, réunies en dossiers, qui lui permettront de nourrir l'inspiration de ses films futurs.

Il est vrai que cette enfance se présente comme un roman, douloureux certes, mais riche d'événements et de découvertes qui vont demeurer inoubliables. Robert Lachenay en fut le témoin direct. C'est lui qui inspira le personnage de René, le grand ami d'Antoine dans *Les 400 coups*. Robert avait douze ans lorsqu'il rencontra François, plus jeune de un an et demi, sur les bancs de l'école au 5 de la rue Milton.

« C'était en 1943, écrit-il dans son article publié à la mort de Truffaut par *Les Cahiers du cinéma*. On est devenu très amis parce qu'on avait le même contexte familial. Pour lui, sa mère et son père étaient des parents un peu légers. Les miens, c'était un peu le même genre... »

« ON S'ÉPAULAIT DANS NOTRE SOLITUDE. »

François Truffaut n'a pas inventé le grand appartement, autrefois luxueux, où Antoine se réfugie certains soirs de fugue, et dort sous le lit de René, dans un décor bourgeois laissé à l'abandon, et que l'on croirait hanté de ce fait par un ange du bizarre particulièrement insidieux. Un décor que n'aurait certainement pas renié le Cocteau des *Enfants terribles*. Le réalisateur des *400 coups* s'est contenté d'y ajouter une touche supplémentaire en plaçant là un cheval empaillé, parfaitement insolite, mais tout à fait plausible, puisque dans la réalité le père de Robert Lachenay jouait aux courses et y perdait des fortunes, sans se soucier des huissiers qui venaient à date régulière saisir son mobilier. Sa mère de son côté abusait très largement de l'alcool... Voilà ce qu'on appelle des parents « un peu légers ».

« On n'était vraiment que nous deux pour se tenir lieu de famille, dit Robert Lachenay. On s'épaulait dans notre solitude. C'est très dur d'être enfant. On était toujours traqué, à la maison par les parents, à l'école par les professeurs qui, à l'époque, cognaient comme des sourds. »

CLAIRE MAURIER,
JEAN-PIERRE LÉAUD,
ALBERT RÉMY
DANS *LES 400 COUPS*.
CI-DESSUS, ANTOINE DOINEL
FACE À SON DESTIN.

François Truffaut se souvient en effet essentiellement de ses peurs. Il s'emparait en cachette des romans que lisait sa mère et qui lui étaient interdits. Il prenait plus de risques encore en allant au cinéma.

□ Par exemple, dit-il à Aline Desjardins, mes parents partaient pour le théâtre ; au bout de dix minutes, j'étais sûr qu'ils étaient bien partis et je partais pour le cinéma avec une angoisse épouvantable à propos des horaires, car j'avais toujours peur qu'ils rentrent à la maison avant moi ; donc la deuxième moitié du film était gâchée. Il arrivait même que la peur me fasse partir avant la fin du film, car je devais être couché quand mes parents rentreraient. Je garde de cette époque une grande angoisse et les films sont liés à une angoisse, à une idée de clandestinité...

La peur n'empêche pas le jeune François de se livrer à ses passions. Il lit beaucoup, mais pour son plaisir personnel. C'est un individualiste-né. La culture qu'il acquiert ne doit rien à l'enseignement public. Renvoyé de plusieurs classes et de plusieurs établissements, il est un cancre aussi irréductible que son ami Robert Lachenay, ce qui ne l'empêche pas de devenir très tôt un fin connaisseur de Balzac. Le baiser sur l'épaule de Madame de Mortsauf dans *Le Lys dans la vallée* le bouleverse alors qu'il entre à peine dans son adolescence. Quinze ans plus tard, sur l'écran des *400 coups*, Antoine Doinel manquera d'incendier l'appartement familial en allumant une bougie devant un portrait de Balzac, et il sera dénoncé comme plagiaire par son professeur de français pour avoir recopié dans un devoir un paragraphe entier de *La recherche de l'absolu*.

Le cinéma aussi l'attire invinciblement. Il lui arrive de voir des films en cachette et de les revoir ensuite, officiellement, en compagnie de ses parents. Ce qui ne le gêne pas du tout. François Truffaut sera toujours un cinéphile exemplaire. Les films aimés seront avant tout pour lui des films amis — *Citizen Kane, La règle du jeu, Fenêtre sur cour* — auxquels il rendra régulièrement visite.

Pour l'heure il découvre la magie des salles et la puissance émotionnelle d'un art capable de procurer l'oubli ou la consolation aux Parisiens hagards de l'Occupation.

Dans sa préface au livre posthume d'André Bazin sur *Le cinéma de L'Occupation et de la Résistance,* il écrit :

□ Mon premier souvenir de cinéma remonte à 1939, quelques mois avant le début de la guerre. Cela se passait à la Gaieté-Rochechouart, un très grand cinéma en face du square d'Anvers. On y jouait *Paradis perdu* avec Micheline Presle, d'une beauté et d'une douceur extraordinaires, et Fernand Gravey.

Vérification faite, la première phase de la guerre était déjà finie et l'armistice conclu lorsque *Paradis perdu* fut montré aux Parisiens le 13 décembre 1940. Truffaut est donc trahi par sa mémoire. Il n'a pu voir, comme il l'écrit dans sa préface, « une salle pleine de permissionnaires en uniforme accompagnés de leur jeune femme ou de leur maîtresse ». On ne comprend que mieux, à la réflexion, la crise de larmes collective, dont il nous parle ensuite :

« On sait peut-être, précise-t-il, que ce superbe mélodrame d'Abel Gance se déroule de 1914 jusqu'en 1935, et qu'une large section du film est consacrée à la guerre, aux tranchées, aux usines de munitions où travaillaient les femmes, etc. La coïncidence entre la situation des personnages du film et celle des spectateurs était telle que la salle entière pleurait. Des centaines de mouchoirs trouaient de points blancs l'obscurité du cinéma. Je ne devais plus jamais par la suite ressentir une telle unanimité émotionnelle devant la projection d'un film. »

Dans Paris occupé, le cinéma tient plus que jamais la place du rêve. Les impératifs du *black-out* approfondissent jusqu'au vertige la noirceur des nuits. Les fenêtres des escaliers sont badigeonnées de bleu. Des « chefs d'îlots » volontaires vérifient que les fenêtres sont bien calfeutrées. « Chaque personne sortant le soir, raconte Truffaut, était munie d'une petite lampe électrique qu'elle allumait de la sortie du métro jusqu'à chez elle, afin de ne pas buter dans les trottoirs : d'après mes souvenirs, le

Les quatre cents coups et leur conséquence : le « centre de mineurs délinquants ».

film de Sacha Guitry, *Donne-moi tes yeux*, est le seul à rendre compte fidèlement de cette réalité du *black-out.* »

François Truffaut se souvient d'une obscurité si parfaite qu'elle permettait à des couples de faire l'amour dans la rue, debout, devant les portes cochères. Il se souvient aussi du Gaumont-Palace, ce grand vaisseau de 4500 places, où la mère d'un de ses amis travaillait comme « placeuse ».

« Mon copain, écrit-il, affirmait que sa mère et ses collègues, ouvreuses au Gaumont-Palace, ne ramassaient pas moins de soixante petites culottes de femmes dans les loges et dans les travées, entre les fauteuils, tous les dimanches soir après la dernière séance. Cette information était-elle authentique ou s'agissait-il d'une légende ? Pourquoi la suspecter puisqu'elle émanait du fils d'une ouvreuse, une placeuse en somme bien placée elle-même pour savoir la vérité ? Et pourtant, quand on songe que le moindre morceau de tissu pendant la guerre ne pouvait s'obtenir que contre des tickets de textile... mais peut-être pas les sous-vêtements ? Tout de même quelle distraction... et quelle ardeur ! »

La nuit de l'Occupation nourrit donc à la fois l'inspiration de l'homme qui aimera les femmes et celle du cinéaste qui aimera le cinéma, du même cœur ardent.

— Pour se faire de l'argent, pour aller au cinéma, raconte Robert Lachenay, on faisait des programmes, parce que sous l'Occupation, en 1944, il n'y avait pas de journaux de cinéma. Alors le samedi, on faisait tout le quartier, du 17e jusqu'à l'Etoile, on relevait ce qu'ils allaient jouer le mercredi, on faisait des petits programmes écrits à la main, en vingt exemplaires, et on vendait ça aux gens du quartier, ça nous permettait aussi de programmer notre semaine de spectateurs.

Truffaut, lui, préfère se souvenir de ses entrées frauduleuses dans les salles de cinéma. Généralement, un copain qui a payé sa place lui ouvre de l'intérieur la sortie de secours. Faute d'avoir un ticket à présenter à l'ouvreuse, le spectateur clandestin attend dans les toilettes l'extinction complète des lumières pour se glisser dans l'obscurité complice.

« Il me fallait parfois attendre la fin de la projection des actualités car, pour éviter qu'elles fussent huées ou chahutées, on ne les montrait pas dans l'obscurité. De ces longs séjours forcés dans les w-c., j'ai gardé en mémoire un graffiti patriotique qui, en dépit de sa drôlerie relative, est resté pour moi inoubliable :

« Hitler, le bourreau de l'univers,
Aura les pieds gelés cet hiver. »

Cette période l'a marqué au plus profond de lui-même. Il en souligne les aspects poignants ou dégradants, les files d'attente interminables, par exemple, devant chaque boutique, l'arrogance des commerçants, « l'ambiance de marché noir, de combines ».

□ C'était une ambiance, selon mes souvenirs, formidablement immorale, dit-il à Aline Desjardins. Il ne regrette pourtant pas de l'avoir vécue.

LE TEMPS DES DÉCOUVERTES.

— Depuis 1981-82, raconte Robert Lachenay, l'histoire de son enfance avait l'air de beaucoup le préoccuper, il me téléphonait pour qu'on dîne ou déjeune ensemble chez lui, et il cherchait à retrouver des choses très précises de notre enfance commune, des dates, des souvenirs, etc. C'est curieux, parce qu'il a eu une enfance plutôt malheureuse et ça aurait dû lui déplaire de revenir là-dessus. Malgré tout ce qu'il y a eu entre eux, il était très admiratif de sa mère, qui était une belle femme.

Avec l'adolescence, il découvre les beaux films, *Les dames du bois de Boulogne* de Bresson, *Citizen Kane* de Welles. Des films

LES PETITS MÉTIERS
D'ANTOINE DOINEL.
JEAN-PIERRE LÉAUD ET
DANIEL CECCALDI DANS
BAISERS VOLÉS.

qui lui apparaissent « proches et amicaux, comme des romans ». Il organise dès lors sa passion de spectateur comme il organisera plus tard sa passion créatrice. Il découpe des articles dans les journaux, il constitue des dossiers sur les films, les réalisateurs, il passe des nuits entières en compagnie de Robert Lachenay à faire la tournée des cinémas pour voler les photos en devanture.

— On était furieux, dit Lachenay ingénument, parce que l'affichage était mal fait et qu'il y avait deux ou trois fois la même photo. On trouvait que ça manquait de conscience professionnelle...

Pour les deux amis, cette période de l'après-guerre est particulièrement dure. François s'enfuit de plus en plus fréquemment de chez lui. Les parents de Robert ont divorcé. Il vit misérablement dans une chambre de bonne, où sont précieusement entreposés les dossiers cinéphiliques de François.

Ils devront bientôt l'un et l'autre, Robert d'abord, puis François, assurer leur subsistance au jour le jour.

Truffaut rappellera souvent dans ses interviews qu'il a débuté très tôt dans la vie active, en 1946, à l'âge de quatorze ans, et qu'il a fait de nombreux métiers, grouillot à la Bourse, magasinier en graines, soudeur à l'acétylène.

□ La soudure, dit-il à Colette de Portefaix en 1983, a l'avantage de favoriser la concentration. Avec mes lunettes noires et ma bouteille de gaz devant moi, je faisais passer le temps en essayant de me remémorer le dernier film que j'avais

« QUAND J'AVAIS 14 ANS, LE VOL D'UNE MACHINE À ÉCRIRE M'A AMENÉ ENTRE LES MAINS DES FLICS. » (F. T.)

vu. Le matin en arrivant, je me disais : « Je vais essayer de revivre *Les lumières de la ville* ou *Monsieur Verdoux* », et je le faisais, scène par scène, pour que ça dure plus longtemps. J'arrivais comme ça à gagner la fin de la matinée.

On comprend ici, de la façon la plus concrète, comment le cinéma l'a « aidé à vivre » durant la période la plus sombre de son existence.

« Vers 1948, raconte Robert Lachenay, François était inscrit à tous les ciné-clubs possibles et imaginables, mais ce qui le rendait furieux, c'est qu'ils avaient presque tous leurs séances le lundi soir, c'est pour ça que le nôtre, on l'avait fait le dimanche matin. Ça n'a pas marché parce qu'on n'avait pas d'argent, pratiquement pas d'affiches, seulement une douzaine. Moi, j'étais gérant parce que j'étais le plus âgé, j'avais dix-huit ans... C'était au Cluny-Palace, rue des Écoles. Ça été très fugitif, cette histoire de ciné-club, car son père est venu le chercher le deuxième ou le troisième dimanche, parce qu'il s'était enfui de chez lui. Là, il y a un trou, on a été séparés pendant un bout de temps... »

Ce « trou » correspond à la période d'internement de François au Centre d'observation des mineurs délinquants de Villejuif. En recoupant ses différentes interviews et la séquencc correspondante des *400 coups*, on peut reconstituer l'histoire. François a quitté son emploi de magasinier en graines pour se consacrer à la création de son ciné-club. Il a fui une fois de plus le domicile de ses parents. Un jour, acculé par ses besoins d'argent, il vole une machine à écrire. Son père le retrouve et le conduit au commissariat.

□ Quand j'avais quatorze ans, dira-t-il en 1968 à Pierre Ajame, le vol d'une machine à écrire m'a amené entre les mains des flics et j'ai vu ce que c'était : une nuit, pour rigoler, ils me sont tombés dessus : « Avoue que tu te branles la nuit, allez, avoue et on te foutra la paix. » Et les coups, de vrais coups, pleuvaient, et moi, déjà sournois : « Branler, qu'est-ce que c'est ? » — « Ah ! Tu te fous de nous », et ça recommençait.

Le Centre de Villejuif est un endroit sinistre rendu plus

CI-DESSOUS, ANDRÉ BAZIN. « CETTE ESPÈCE DE SAINT EN CASQUETTE DE VELOURS. » *CI-CONTRE*, FRANÇOIS TRUFFAUT, 1949.

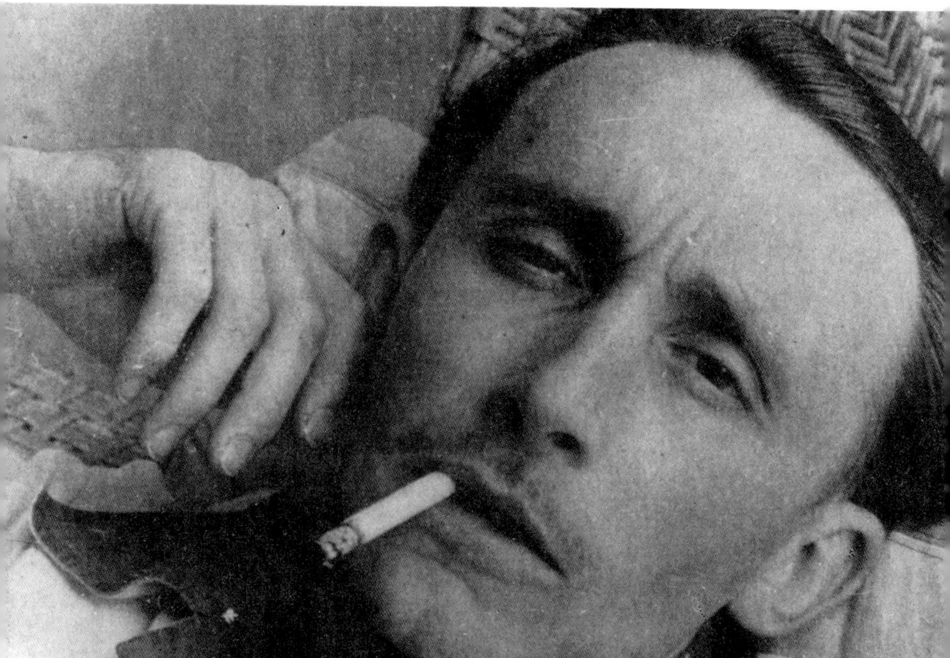

navrant encore par l'extrême dénuement de l'après-guerre. François y côtoie de pauvres hères coupables d'avoir volé du plomb dans une usine, ou des bicyclettes dans une cave. On ne sait vraiment ce qu'il serait devenu si André Bazin n'avait énergiquement plaidé en sa faveur auprès de la psychologue de l'établissement, au point de se porter garant de sa conduite future, et de lui fournir un emploi à ses côtés parmi les jeunes gens qui animent des ciné-clubs d'usine dans le cadre de l'association « Travail et Culture ».

« JE ROUGISSAIS DE FIERTÉ... »

André Bazin n'est pas seulement le meilleur critique et écrivain de cinéma de l'après-guerre. Pour ceux qui le lisent, comme pour ceux qui l'approchent, sa générosité, son humour, sa sensibilité irradient au moins autant que son intelligence.

Après sa mort prématurée, d'une leucémie, en 1958, François Truffaut ne manquera jamais une occasion de nous rappeler qui était cet homme exceptionnel. Il prendra souvent sa plume, à la façon du héros de *La chambre verte,* entièrement absorbé par l'amitié des morts, afin de raviver la mémoire de celui qu'il considérait à la fois comme son père adoptif et son père d'adoption.

« Il faisait bon vivre avant la mort d'André Bazin, écrit-il en décembre 1958. Je rougissais de fierté si, au cours d'une discussion, il venait à m'approuver, mais je ressentais un plaisir plus vif encore à être contredit par lui. Il était le Juste par qui l'on aime être jugé et pour moi un père dont les réprimandes mêmes m'étaient douces. »

« André Bazin, écrit-il en 1975, avait l'innocence d'un personnage de Giraudoux. Sa bonté était quasiment légendaire ; on s'en amusait avec tendresse, parfois pour cacher l'émotion qu'elle suscitait... Bazin empruntait de l'argent à voix haute et il en prêtait à voix basse. Comme il trouvait absurde et anormal de circuler seul dans une voiture de quatre places, il lui arrivait souvent, à l'arrêt d'autobus de Nogent, d'inviter trois voyageurs qu'il déposait ensuite dans Paris. Lorsqu'il s'absentait de Paris pour plusieurs semaines avec Janine (sa femme) et son fils Florent, il téléphonait à ses amis pour prêter, à l'un sa maison, à l'autre sa voiture.

« Il n'aimait pas seulement le cinéma ou, pour être plus exact, le cinéma n'était pas pour lui un refuge car il aimait également la vie, les gens et aussi les animaux... »

Revenons un instant au texte de 1958, pour mesurer un peu mieux encore l'intensité, la qualité surtout, de cette affection : « André, écrit Truffaut, n'était pas de ces fastidieux théoriciens de la morale dont on dit qu'on se sent meilleur à leur contact. Après avoir parlé avec André, on se sentait *pire* mais aussi tellement fier de connaître un type si bien, cette espèce de saint en casquette de velours. Se faire engueuler par Bazin était un plaisir, tant il entrait de chaleur dans ses rares indignations ; on ne se disait pas : "Comme j'ai tort" mais "Comme il a raison, comme il est formidable !" En parlant avec lui, il était difficile de ne pas se sentir terriblement inachevé... »

C'est certainement au contact d'André Bazin que François Truffaut découvre en lui-même une aspiration à la modestie, à la compréhension, à la mesure, à la logique, à l'élégance morale. Mais il est très jeune encore, et aussi passionné qu'on peut l'être en ces années 49, 50, 51, où tous les enjeux apparaissent tellement cruciaux. Que l'on soit militant politique, ou bien plus simplement amoureux du cinéma, ou bien encore épris d'une jeune fille, c'en est fini à tous égards de la belle désinvolture de l'avant-guerre...

François ne s'intéresse pas beaucoup à la politique, mais le cinéma l'occupe intensément. Jean Charles Tachella, qui tenait alors le « courrier des lecteurs » de *L'Ecran français,* s'est toujours souvenu des lettres que lui adressa durant toute l'année 1948 le mieux organisé et le plus ardent de ses correspondants, François Truffaut, bien sûr. « Il me harcelait de questions, écrit-il dans le numéro spécial des *Cahiers du cinéma.* Il m'interrogeait pour savoir qui avait composé la musique de *Carnet de bal...* Il demandait la liste des films de Marcel Carné, de Fritz Lang, de Marc et Yves Allégret, de Maurice Cloche, d'Edmond Goulding, de Blasetti, de Cayatte, etc. De lettre en lettre, il s'enhardissait. Un jour il écrivit pour que je publie la liste des films de cent réalisateurs ! Cette fois je refusai, ne lui autorisant que trois metteurs en scène par lettre et par semaine... »

François Truffaut n'est pourtant pas unique en son genre. Sa passion exclusive rencontre celle d'autres jeunes gens dont il fait connaissance dans les locaux de Travail et Culture (Alain Resnais, Chris Marker, Remo Forlani), ou bien parmi les adhérents d'*Objectif 49,* un ciné-club animé par Jacques Doniol-Valcroze. C'est alors que se croisent les regards et que s'échangent les premières paroles entre ceux qui deviendront dix ans plus tard les cinéastes de la « Nouvelle Vague ».

« LA JEUNESSE EST PRESSÉE, LA JEUNESSE EST IMPATIENTE. LA JEUNESSE EST BOURRÉE DE PETITES IDÉES... » (F. T.)

« Il m'arrive rarement de songer à la période de nos débuts, écrit Eric Rohmer dans le même numéro des *Cahiers du cinéma.* Nous, c'est-à-dire Truffaut, Rivette, Godard, Chabrol et moi-même. Je ne crois pas que nous soyons des gens qui se souviennent avec nostalgie d'une certaine période de leur jeunesse... Ces années ont été non pas malheureuses, mais assez grises : nous ne vivions que d'espoirs,

nous ne vivions même pas. À qui nous demandait : “Mais de quoi vivez-vous ?”, nous aimions répondre : “Nous ne vivons pas”. La vie, c’était l’écran, c’était le cinéma. »

Entre ces garçons, doués chacun d’une forte personnalité, les conversations portent presque uniquement sur les films et sur les cinéastes. Ils n’échangent pas de confidences. Autant par timidité que par refus ombrageux de la familiarité, ils ont décidé tacitement de se vouvoyer. Ils se voient pourtant tous les soirs, dans de petits cafés, en attendant d’aller au cinéma. Ils mangent ensemble dans les restaurants universitaires, ou bien ils avalent des sandwiches, et ils parlent ainsi pendant des heures de Renoir, de Chaplin, d’Hitchcock et d’Orson Welles.

L’AMOUR À VINGT ANS...

François habite une petite chambre, rue des Martyrs. Il vient enfin d’entrer dans l’âge adulte, qui lui était toujours apparu comme l’âge enviable, celui de l’indépendance, de l’impunité. Pourquoi éprouve-t-il alors le besoin de signer un engagement de trois ans dans l’armée, en pleine guerre d’Indochine ?

L’explication surgit, à mots couverts, dans son entretien avec Aline Desjardins :

□ À cette époque de ma vie, lui dit-il, il y a eu un événement privé, une histoire sentimentale mal débrouillée, que j’ai filmée plus tard dans *L’amour à vingt ans*. Dans le sketch de *L’amour à vingt ans*, on voit Antoine Doinel tomber amoureux d’une jeune fille qu’il rencontre aux Jeunesses musicales, cherchant à entrer de force dans sa vie, déménageant et venant s’installer dans sa rue, en face de ses parents, afin d’être plus près d’elle ; on le voit devenir l'ami de ses parents et se rapprochant tellement qu'il devient pour la fille un enquiquineur, une espèce de cousin qu'elle ne peut plus supporter...

— Et c'était François Truffaut, ce jeune homme, demande Aline Desjardins.

François ne peut plus se cacher derrière Antoine. Le voici contraint de répondre en souriant :

□ Disons que cette histoire a été vécue. Ce n'était pas les Jeunesses musicales, mais évidemment la Cinémathèque, et tout ceci m'a amené finalement à partir pour l'armée...

N'attendons pas de lui qu'il raconte l'histoire comme elle s'est réellement déroulée. Le ton de comédie du sketch de *L'amour à vingt ans* lui permet d'esquiver l'aveu d'une souffrance qui fut certainement poignante puisqu'elle le conduisit à une décision aussi extrême.

□ J'étais un peu fou, dit-il, et je suis parti pour trois ans, entre Noël et le Jour de l'An, et j'ai choisi la date de départ de façon à passer le réveillon de Noël dans le civil et le réveillon du Jour de l'An militaire, pour comparer ; je dois dire que les deux ont été également sinistres...

Ce genre de folie le dépeint, sans doute, assez bien. Claude Chabrol se souvient du jeune Truffaut comme d'un écorché vif, que l'on ne pouvait pas prendre tout d'abord au sérieux.

Toujours est-il que le voici sous l'uniforme, dans un régiment d'artilleurs, en Allemagne du Nord. Lorsque le canon tonne, les oreilles lui font mal. Elles resteront fragiles par la suite.

□ Si bien qu'aujourd'hui, dit-il à Aline Desjardins, je ne supporte pas la stéréophonie et les boîtes de nuit, ni les bruits trop forts, surtout le soir.

Coupé de tout, il peut encore endurer l'étrange punition qu'il s'est infligée à lui-même. Son retour à Paris pour une dernière permission avant le départ en Indochine provoque un réveil soudain, un retour de passion pour le cinéma et un goût impulsif de la vie, qui va se transformer en rébellion. Il ne peut plus accepter l'idée de rejoindre son régiment.

□ J'ai été insoumis, dit-il, et puis j'ai été repris. Je me suis

*C*I-*CONTRE*, JEAN-PIERRE LÉAUD DANS *BAISERS VOLÉS*. *CI-DESSUS*, FRANÇOIS TRUFFAUT DANS *TIRE AU FLANC* DE CLAUDE DE GIVRAY.

évadé et, d'insoumis, je suis devenu déserteur. Il y a eu un moment où finalement on m'a ramené en Allemagne avec des menottes, on m'a rasé le crâne et là, j'étais vraiment mal parti sans Bazin qui multipliait les démarches à Paris auprès de tout le monde...

Bien heureusement pour lui, la famille de Jacques Doniol-Valcroze, créateur des *Cahiers du cinéma* avec André Bazin, est liée à celle du président Albert Sarraut, personnage politique important de l'époque qui accepte d'intervenir en faveur du jeune déserteur.

□ Ça a été très long, raconte Truffaut. J'ai été en prison, j'ai été à deux reprises enfermé à l'asile de fous à Andernach et finalement, on a accepté de me réformer pour un motif qui ne me paraissait pas tellement de complaisance : pour « instabilité caractérielle ».

UNE FAMILLE, DES AMIS, LE CINÉMA.

Dès lors, André Bazin prend François Truffaut sous sa protection. Il lui offre l'hospitalité de son appartement de Bry-sur-Marne. Janine Bazin, qui a le cœur vaste, l'esprit malicieux et qui aime la vie comme on l'aime dans les films de Jean Renoir, s'est prise d'une très vive sympathie pour le jeune homme. François s'installe donc dans la chambre de bonne et, pour la première fois de sa vie, il goûte la chaleur d'un vrai foyer. Il joue avec Florent, le bébé de la maison, il va, il vient, il s'absorbe dans ses lectures, il tient ses dossiers à jour, il voit des quantités de films, et il poursuit surtout, à la faveur des longs trajets en voiture entre Paris et Bry-sur-Marne, une conversation avec André Bazin sur le thème unique du cinéma. Conversation que Janine Bazin compare à « une partie de cartes sans fin, où il n'y avait pas de gagnant et que les joueurs reprenaient chaque jour ».

En même temps ses amitiés se fortifient. Il rejoint tout naturellement Eric Rohmer, Jean-Luc Godard, Jacques Rivette, Charles Bitsch, Jean-José Richer, dans la jeune équipe très offensive des *Cahiers du cinéma.* Son premier article est publié en mars 1953 dans le numéro 21 de la revue. Il porte un titre révélateur : « Les extrêmes me touchent ». Pour dire tout le bien qu'il pense d'un petit film américain très réussi à ses yeux (*Le masque arraché* de David Miller), il définit son propre idéal de cinéaste :

□ Pas un plan dans ce film qui ne soit nécessaire à la progression dramatique. Pas un plan non plus qui ne soit passionnant et ne nous donne à penser qu'il est le clou du film.

On reconnaît aussitôt son goût de l'intensité et de l'émotion perpétuellement renouvelée, sans le secours de ces inutiles « plans de raccord », qui encombrent selon lui la grande majorité des films français en cette première moitié des années 50. Il plaide ardemment pour le paroxysme et on le sent réellement furieux à l'égard des spectateurs et des critiques trop facilement ironiques, « dont la sensibilité et le jugement sont aliénés par la vilaine et méprisable "peur d'être dupe" que dénonçait Radiguet ».

Le jeune François Truffaut — il n'a que vingt et un ans en 1953 — veut en avoir « plein la vue ». Voilà pourquoi, à contre-courant des critiques de l'époque, il applaudit la naissance du cinémascope.

« À mesure que l'on fréquente davantage les salles de cinéma, écrit-il, on éprouve le besoin de se rapprocher de l'écran pour pallier l'haïssable objectivité critique que procure l'habitude, faisant de nous des spectateurs blasés donc de mauvais spectateurs. »

En janvier 1954, son article sur « Une certaine tendance du cinéma français » est tellement violent que André Bazin a longtemps hésité à le publier. Truffaut y attaque de front les scénaristes vedettes de l'époque, Jean Aurenche et Pierre Bost, qui adaptent avec succès de grands romans (*La symphonie pastorale* de Gide réalisé par Jean Delannoy, *Le diable au corps* de Radiguet, *Le blé en herbe* de Colette, réalisés par Claude Autant-Lara). Armé de multiples exemples, il dénonce l'esprit sourdement blasphématoire, avilissant pour les personnages, et bassement anti-bourgeois de leurs adaptations.

« Sous couvert de la littérature, écrit-il, — et bien sûr de la qualité — on donne au public sa dose habituelle de noirceur, de non-conformisme, de facile audace... Certes, dans les films « réalistes psychologiques », il n'y a pas que des êtres vils, mais tant se veut démesurée la supériorité des auteurs sur leurs personnages que ceux qui d'aventure ne sont pas infâmes sont au mieux infiniment grotesques. »

Cet article a l'effet d'une déclaration de guerre. Ce n'est pourtant qu'un texte de quelques pages publié dans une revue somme toute confidentielle. Il n'empêche que les bases mêmes du cinéma français s'en trouvent ébranlées.

PREMIER ARTICLE 1953. DANS *LES CAHIERS DU CINÉMA* : « LES EXTRÊMES ME TOUCHENT. »

« Nous n'appartenions à rien, explique Eric Rohmer, à aucune école, à aucune classe intellectuelle, à aucune tradition, nous n'étions pas acceptés du tout dans le cinéma où ne voyions même pas comment nous introduire. Donc il fallait tout faire, tout créer, et Truffaut a été l'un de ceux qui a pensé le plus qu'il ne fallait pas essayer d'intriguer pour entrer dans le cinéma tel qu'il était, mais de rompre avec lui violemment et de créer notre propre cinéma contre celui des autres... Il n'avait aucune idée d'arrivisme derrière la tête, il n'épargnait personne et ça, je trouve que c'est très beau. »

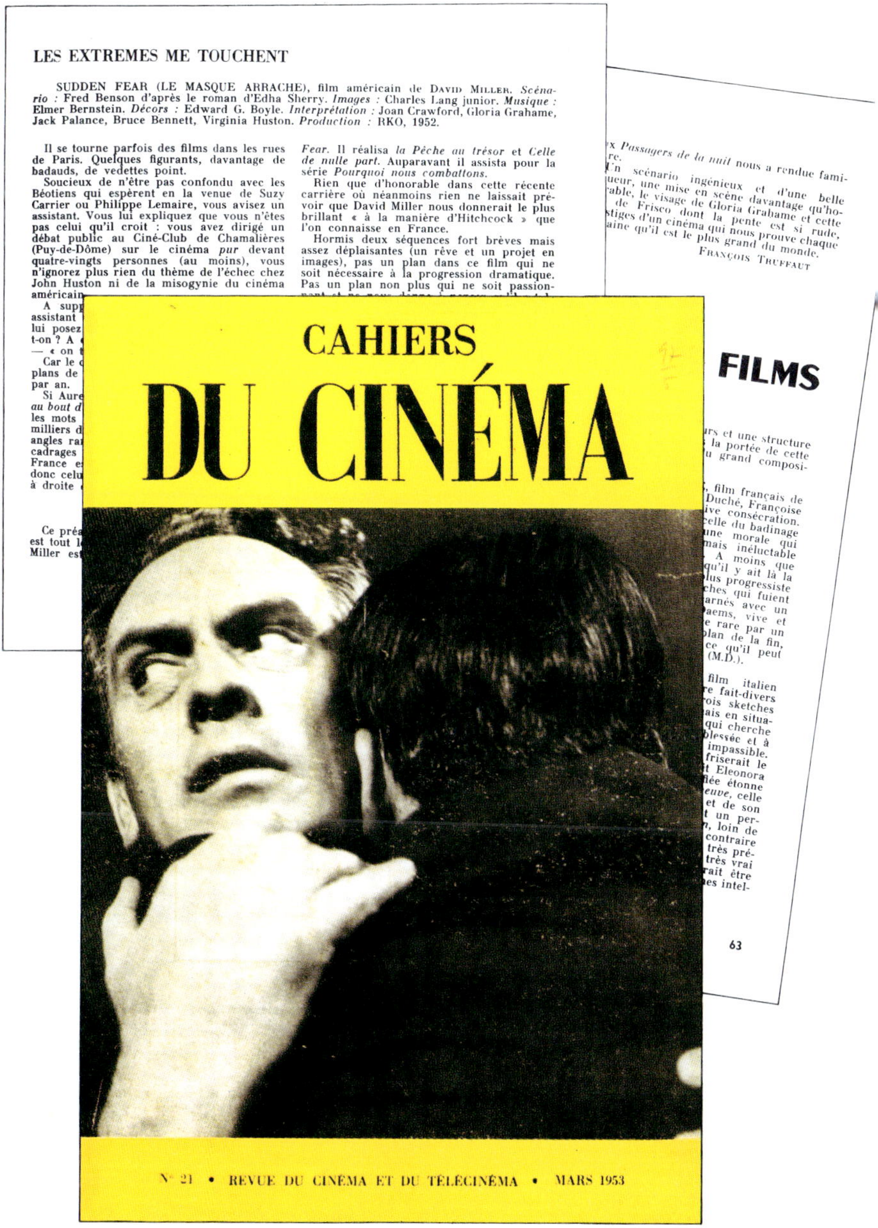

LES EXTREMES ME TOUCHENT

SUDDEN FEAR (LE MASQUE ARRACHE), film américain de DAVID MILLER. *Scénario :* Fred Benson d'après le roman d'Edha Sherry. *Images :* Charles Lang junior. *Musique :* Elmer Bernstein. *Décors :* Edward G. Boyle. *Interprétation :* Joan Crawford, Gloria Grahame, Jack Palance, Bruce Bennett, Virginia Huston. *Production :* RKO, 1952.

Il se tourne parfois des films dans les rues de Paris. Quelques figurants, davantage de badauds, de vedettes point.

Soucieux de n'être pas confondu avec les Béotiens qui espèrent en la venue de Suzy Carrier ou Philippe Lemaire, vous avisez un assistant. Vous lui expliquez que vous n'êtes pas celui qu'il croit : vous avez dirigé un débat public au Ciné-Club de Chamalières (Puy-de-Dôme) sur le cinéma *pur* devant quatre-vingts personnes (au moins), vous n'ignorez plus rien du thème de l'échec chez John Huston ni de la misogynie du cinéma américain

A supp
assistant
lui posez
t-on ? A
— « on
Car le
plans de
par an.
Si Aure
au bout d
les mots
milliers d
angles ra
cadrages
France e
donc celu
à droite

Ce pré
est tout l
Miller es

Fear. Il réalisa *la Pêche au trésor* et *Celle de nulle part.* Auparavant il assista pour la série *Pourquoi nous combattons.*

Rien que d'honorable dans cette récente carrière où néanmoins rien ne laissait prévoir que David Miller nous donnerait le plus brillant « à la manière d'Hitchcock » que l'on connaisse en France.

Hormis deux séquences fort brèves mais assez déplaisantes (un rêve et un projet en images), pas un plan dans ce film qui ne soit nécessaire à la progression dramatique. Pas un plan non plus qui ne soit passion-

x *Passagers de la nuit* nous a rendue fami-
re.
Un scénario ingénieux et d'une belle
ueur, une mise en scène davantage qu'ho-
able, le visage de Gloria Grahame et cette
de Frisco dont la pente est si rude,
stiges d'un cinéma qui nous prouve chaque
aine qu'il est le plus grand du monde.

FRANÇOIS TRUFFAUT

FILMS

rs et une structure
la portée de cette
u grand composi-

, film français de
Duché, Françoise
ive consécration.
celle du badinage
une morale qui
mais inéluctable
A moins que
qu'il y ait là la
lus progressiste
ches qui fuient
arnés avec un
aems, vive et
e rare par un
plan de la fin,
ce qu'il peut
(M.D.).

film italien
e fait-divers
ois sketches
ais en situa-
qui cherche
blessée et à
impassible.
friserait le
t Eleonora
flée étonne
euve, celle
et de son
t un per-
, loin de
contraire
très pré-
très vrai
rait être
es intel-

63

CAHIERS
DU CINÉMA

N° 21 • REVUE DU CINÉMA ET DU TÉLÉCINÉMA • MARS 1953

À partir de 1954, Truffaut poursuit son travail de sape dans les colonnes de l'hebdomadaire *Arts et spectacles*. Les producteurs et les distributeurs des films qu'il a éreintés interviennent en vain, à plusieurs reprises, auprès de Jacques Laurent, directeur du journal, pour qu'il se sépare de l'insupportable jeune homme. Truffaut, lui, n'en sait rien. Jacques Laurent le protège, sans rien lui dire de l'effet de ses attaques. Il continue donc de célébrer les cinéastes qu'il admire (Renoir, Hitchcock, Rossellini, Max Ophüls, Nicholas Ray) et de traîner dans leur propre boue les cinéastes dont il suspecte l'honnêteté ou la sincérité. Il ne respecte pas non plus les règles de la confraternité. Les critiques en prennent, eux aussi, pour leur grade, lorsque Truffaut les prend en flagrant délit d'incompétence ou de paresse.

Sur tous les tons, François Truffaut demande à ceux qui font les films, aussi bien qu'à ceux qui les voient, un peu plus d'attention, de discernement, d'acuité, de pertinence au risque de l'impertinence, et de ferveur au risque de la partialité.

Il a conscience, lui-même, d'apprendre son futur métier en regardant les films et en rédigeant ses articles.

□ Il ne s'agissait pas de se laisser saoûler par les images, dit-il à Dominique Maillet en 1974, il fallait vraiment analyser le scénario. Ça a été une étape formidablement importante : j'ai commencé à chercher pourquoi les films n'étaient pas entièrement intéressants, pourquoi la première moitié était bonne et pourquoi la seconde partait dans tous les sens, etc. Pour la première fois, au lieu de dire « c'est bon ! c'est mauvais ! », j'ai commencé à essayer d'imaginer comment ça aurait pu être bon ou pourquoi c'était mauvais. Ça été le cas dans les *Cahiers*, mais plus encore dans l'hebdomadaire *Arts* où il y avait vraiment une obligation de résumer le scénario... En s'obligeant à résumer un scénario, on voit bien de quoi c'est fait, comment c'est construit. Ça a été une période très positive. »

Aux yeux de Truffaut et de ses amis, l'exercice de la critique et du journalisme n'a jamais représenté une fin en soi. Ils aiment trop le cinéma pour se contenter d'admirer les films d'Hitchcock et de Rossellini, de Jean Renoir et de Fritz Lang, de Max Ophüls et de Carl Dreyer, d'Orson Welles et de Jean Cocteau. Certains d'entre eux se comportent comme de futurs écrivains lisant leurs maîtres ou comme de futurs peintres scrutant les toiles du Louvre. Ils se préparent à réaliser leurs propres films, sans même savoir qui leur donnera les moyens de les produire.

□ Je ne sais pas si je pensais faire du cinéma, je ne me l'avouais pas à moi-même, dit Truffaut à Aline Desjardins... Rivette, le premier, a voulu qu'on se groupe, qu'on ait des projets, qu'on écrive tous des scénario et qu'on essaie de les présenter ensemble à des producteurs. ... Vous voyez, cette espèce de mouvement qu'a été la Nouvelle Vague, c'est plutôt d'amis plus actifs que c'est parti.

« LE FILM DE DEMAIN SERA UN ACTE D'AMOUR. »

Il est vrai que Jacques Rivette et Eric Rohmer ont tourné, dans des conditions de fortune, leurs premiers courts métrages dès le début des années 50. Truffaut lui aussi s'est essayé à la mise en scène en 1954, avec un film de huit minutes qu'il a intitulé *Une visite*. Son style journalistique durant cette période trahit une fièvre et une impatience croissantes.

Le 15 mai 1957, il publie dans *Arts* un article intitulé : « Le cinéma français crève sous de fausses légendes ». Il y attaque violemment tous ceux qui donnent pour alibis de leurs échecs la toute-puissance de l'argent, la censure politique, ou bien encore l'organisation corporatiste du cinéma français. Ce ne sont là pour lui que des obstacles que l'on peut et que l'on doit surmonter à force de ténacité et de ruse. On peut et l'on doit, selon lui, réaliser des films pauvres de budget, mais riches d'invention et de sincérité. On peut et l'on doit même, s'il le faut, tourner le dos à la légalité.

« Il est possible, écrit-il, sans trop se donner de mal, de se procurer de la pellicule illégalement, de tourner illégalement et de faire développer illégalement... »

La conclusion de son article tourne délibérément au manifeste :

« Le film de demain m'apparaît plus personnel encore qu'un roman, individuel et autobiographique comme une confession ou un journal intime. Les jeunes cinéastes s'exprimeront à la première personne et nous raconteront ce qui leur est arrivé : cela pourra être l'histoire de leur premier amour ou du plus récent, leur prise de concience devant la politique, un récit de voyage, une maladie, leur service militaire, leur mariage, leurs dernières vacances et cela plaira presque forcément parce que ce sera vrai et neuf.

« ...Le film de demain ne sera pas réalisé par des fonctionnaires de la caméra, mais par des artistes pour qui le tournage d'un film constitue une aventure formidable et exaltante. Le film de demain ressemblera à celui qui l'a tourné et le nombre de spectateurs sera proportionnel au nombre d'amis que possède le cinéaste. Le film de demain sera un acte d'amour. »

On sent vraiment Truffaut habité par une conviction si forte

FRANÇOIS TRUFFAUT
AVEC SA FEMME MADELEINE
ET SES DEUX FILLES
ÉVA ET LAURA.

qu'elle le rend clairvoyant. Songez que la Nouvelle Vague n'a encore produit que des courts métrages. Songez surtout qu'il n'est âgé que de vingt-cinq ans.

Cette année-là, le correspondant de *Arts et spectacles* au Festival de Cannes signe des articles d'une rare violence.

« Cannes 1957, écrit-il en substance : un échec dominé par les combines, les compromis, les faux pas. »

Outragée, la direction du Festival décide qu'il ne sera pas invité l'année suivante.

LIBERTÉ, ENFANCE, AMOUR, IMPATIENCE.

François n'en a cure. Il pense déjà à ce film de vingt minutes, adaptation d'une nouvelle de Maurice Pons, qu'il a décidé de tourner dans la région de Nîmes. Sans qu'il l'ait le moins du monde cherché, les circonstances de sa vie privée favorisent son projet. Il est alors fiancé à Madeleine Morgenstern, qui se trouve être la fille d'un puissant producteur, dont l'adjoint se nomme Marcel Berbert. François rend visite à cet homme merveilleusement calme et sensé, pour qu'il l'aide à constituer une société de production, « Les films du Carrosse ». *Les Mistons* marquent donc le début d'une amitié et d'une collaboration confiante entre les deux hommes, qui durera jusqu'au dernier film de François Truffaut.

— Je l'ai encouragé, raconte Marcel Berbert, à aller voir l'UFIC, une société bancaire spécialisée qui avançait de l'argent aux producteurs. Sans prévenir François, j'ai appelé l'UFIC pour dire que Cocinor (la société de production de M. Morgenstern) se portait garant à hauteur de deux millions d'anciens francs. François s'est présenté et a obtenu le prêt. De même quand il a porté ses pellicules négatives chez GTC, pour les développer, nous nous étions portés garants. Ce n'est que bien des années plus tard que François a su ce qui s'était passé.

Les Mistons représentent pour Truffaut la première aventure et la première découverte, le véritable premier film. Celui où son amour du cinéma éclate au soleil sur une route du Midi, celui où il se laisse aller pour la première fois à la vivacité d'une émotion personnelle, impérieuse comme la vision de Bernadette Lafont, droite et radieuse sur sa bicyclette filant entre les arbres. Une simple phrase de commentaire suffit alors à traduire la folle espérance déçue du désir enfantin : « La sœur de Jouve était trop belle. Nous ne le supportions pas. »

« Pour moi, apprenti cinéaste, écrit-il en novembre 1957, comme pour Maurice Pons, l'histoire de ces deux amoureux en butte aux persécutions d'une poignée de gamins dépités constituait essentiellement un prétexte à montrer d'une part des enfants en liberté, d'autre part des amoureux impatients. »

Liberté, enfance, amour, impatience, ce sont déjà les mots clés de l'univers de François Truffaut.

— Tout est clair, trop clair, trop beau, dans ce petit film, remarque Jean Collet avec justesse. Truffaut découvre la loi d'équilibre qu'il appliquera à la construction de ses récits ultérieurs : ne pas avoir peur des excès. Un excès de vitesse, de lumière, d'information... D'autres s'affoleraient, gommeraient, freineraient. Ici, au contraire, c'est l'accumulation de ces excès qui appelle la chute, l'ombre, le mystère.

Truffaut, lui, se pose des questions. Il a choisi le plus souvent dans ce film la solution du commentaire. Il se demande s'il est capable d'écrire et de filmer des scènes dialoguées.

□ C'était une préoccupation pour moi, confie-t-il à Dominique Maillet. Je ne sais pas, à cette époque-là, si j'avais vu ou non *Sommarlek (Jeux d'été)*, mais le film de Bergman a été un événement pour moi : c'est le film qui m'a donné l'impression que tout le monde peut écrire des dialogues de films, du moins que moi, en tout cas, je pouvais en écrire. C'était l'idée du naturel, réécrire ce qu'on dit dans la vie, ce qu'on a entendu...

GÉRARD BLAIN,

BERNADETTE LAFONT,

LES AMOUREUX DES *MISTONS*.

« LA SŒUR DE JOUVE ÉTAIT TROP BELLE, NOUS NE LA SUPPORTIONS PAS. »

C'est *Sommarlek* qui a vraiment déclenché en moi cette envie. Je me suis dit : « Au fond, je peux écrire des scènes d'amour ! »

Parallèlement, il poursuit son activité de journaliste, et il se félicite de l'effervescence qui règne autour des premiers coups d'essai de ses amis. Chabrol tourne *Le beau Serge,* et il enchaîne aussitôt sur la réalisation des *Cousins.* Jacques Rivette entreprend *Paris nous appartient.* On parle déjà beaucoup du *Bel indifférent* de Jacques Demy, d'après Jean Cocteau, et de *Ô saisons, ô châteaux,* un brillant court métrage d'Agnès Varda.

Au mois de mai 1958, rendant compte dans *Les Cahiers du cinéma* du film japonais *Passion juvénile,* il définit au passage avec une étonnante clairvoyance, et une singulière modestie, le style encore en gestation du jeune cinéma :

« La jeunesse est pressée, écrit-il, la jeunesse est impatiente, la jeunesse est bourrée de petites idées. Les jeunes cinéastes doivent donc tourner des films follement rapides, où les personnages sont pressés, où les plans se bousculent pour arriver chacun avant l'autre au mot fin, des films pleins de petites idées. Plus tard les petites idées disparaîtront au profit d'une *seule grande idée* et les critiques pleurnicheront sur le vieillissement du cinéaste "qui promettait", mais qu'importe ! »

Le Festival de Cannes de cette année-là le navre autant que celui de l'année précédente et il se laisse aller à prédire imprudemment :

□ Je suis convaincu que nous venons d'assister au dernier Festival de Cannes car, sous cette forme, la manifestation est désormais impensable. Si des modifications radicales n'interviennent pas l'année prochaine, le douzième Festival de Cannes aura lieu devant les fauteuils vides.

Cet automne 1958 est endeuillé par la mort d'André Bazin, qui n'aura donc pas eu la joie de voir et commenter le premier long métrage de son cher François.

Février 1959. *Les Cahiers du cinéma* publient une photo de tournage des *400 coups,* légendée — c'est le cas de le dire — par un texte de Jean-Luc Godard :

« Avec *Les quatre cents coups*, écrit-il, François Truffaut rentre dans le cinéma moderne comme dans le collège de nos enfances... On dira bientôt les enfants de Truffaut, comme on dit les lanciers du Bengale, les empêcheurs de danser en rond, les rois de la Mafia, les fous du volant, bref encore, les drogués du cinéma... *Les quatre cents coups* sera le film le plus orgueilleux, le plus têtu, le plus obstiné, bref en fin de compte, le film le plus libre du monde... Pour nous résumer, que dire ? Ceci : *Les quatre cents coups* sera un film signé Franchise, Rapidité, Art, Nouveauté, Cinématographe, Originalité, Impertinence, Sérieux, Tragique, Rafraîchissement, Ubu-Roi, Fantastique, Férocité, Amitié, Universalité, Tendresse. »

Godard est trop proche encore de Truffaut pour que son opinion ne soit pas suspecte de partialité. Le vrai verdict sera prononcé par la critique, par le public surtout.

— La sélection des *400 coups* pour représenter la France à Cannes, raconte Marcel Berbert, fut pour nous stupéfiante. Le beau-père de François n'y croyait pas. Le film n'était même pas à l'affiche, juste une photo agrandie sur laquelle on avait peint le nom de François Truffaut, le titre du film, puis on l'a collée dans le hall du festival. Et là, le triomphe.

Contrairement à ce qu'avait prédit le fougueux critique de l'année précédente, le douzième Festival de Cannes a bien eu lieu, et il ne s'est pas déroulé devant des fauteuils vides. C'est une foule en liesse, au contraire, qui se lève pour applaudir Jean-Pierre Léaud et le porter en triomphe.

Le 4 mai 1959, Jean Cocteau écrit :
« Hier soir, nous avons vu dans le film de Truffaut le prodige par quoi Jean-Pierre exécute sans étude un tour de force auquel le comédien le plus génial ne pourrait prétendre.. Oui, ce privilège n'est autre que la poésie que les enfants possèdent tous, et que les grandes personnes perdent, si elles commettent l'imprudence de ne pas lui réserver un coin d'ombre... »

François Truffaut n'a pas commis cette imprudence. Sa part d'enfance était bien là, en lui, intacte, au rendez-vous de son premier « grand » film.

REFLEX

LES CHEMINS DE LA VERITE

Réalisant *Les 400 coups,* François Truffaut n'a certainement pas eu le temps de « réaliser » l'importance de l'enjeu. Il s'est inspiré spontanément de son adolescence. Il a fait travailler sa mémoire. Il s'est revu lui-même allant en classe, faisant l'école buissonnière avec Robert Lachenay, mentant au professeur le lendemain pour justifier son absence.

On se souvient de la scène.

Antoine Doinel ne peut pas présenter de mot d'excuse. Assailli par les questions du professeur il dit :

— M'sieu, c'était... c'était ma mère... M'sieu...

— Ta mère, ta mère... Qu'est-ce qu'elle a encore ? demande le professeur.

— Elle est morte.

Dans la réalité, François Truffaut s'était servi d'un autre mensonge, presque aussi énorme. Il avait dit que les Allemands étaient venus arrêter son père.

Il apprend donc à transposer les situations, mais sans s'éloigner jamais de leur vérité fugace ou profonde. Il accumule les notations précises, justes, drôles, touchantes. Il découvre l'apport inappréciable des enfants pour peu qu'on les laisse vivre en toute liberté dans le champ de la caméra. Il recherche avant tout la logique et la simplicité, mais il ne craint pas de briser les lignes trop droites en enchaînant sans transition les moments de tension et les moments de relâchement. Lorsque Antoine vient de mettre le feu aux rideaux, par exemple, on peut croire qu'il va passer un mauvais quart d'heure. Or tout s'arrange subitement. Une bonne humeur irréfléchie s'empare soudain des personnages. Le père, la mère et l'enfant s'en vont joyeusement, ensemble au cinéma.

C'est ainsi que le film respire sous nos yeux et devient vivant, surprenant, sans jamais cesser d'être plausible.

Truffaut trouve déjà, comme par instinct, les équilibres qui lui sont chers. Tournant un film réaliste, il se refuse aux conventions du naturalisme. C'est pourquoi, il choisit le format du cinémascope.

□ Le scope styliste, dit-il. Avec *Les 400 coups,* où l'essentiel du décor était triste, gris, crasseux, j'avais peur de faire un film laid, désagréable à regarder. Le scope permet de rendre compte de la réalité avec un élément de stylisation qui m'était indispensable. Par exemple, quand le gosse va vider les ordures, en scope c'est moins sale que dans un cadrage normal, mais ça n'est pas moins réaliste.

De la même façon, il se refuse à nous émouvoir à trop bon compte :

□ — Plus une chose a en elle de force, de puissance d'émotion, plus elle doit être filmée avec discrétion et même avec sécheresse. Plus la matière est émouvante, moins il faut chercher à émouvoir. C'est un impératif très important quand on traite de l'enfance, qui constitue une matière pathétique à laquelle le public est très sensibilisé. Il faut se garder de toute facilité, de toute complaisance. Par exemple, l'un de mes problèmes avec Jean-Pierre Léaud (qui par ailleurs a été formidable) ce fut sans cesse de l'empêcher de sourire. Le sourire d'un enfant, c'est un effet facile qu'il faut savoir refuser.

Jean-Pierre Léaud a été choisi parmi une soixantaine d'enfants qui ont répondu à une annonce publiée dans *France-Soir*. Le rôle, de toute évidence, lui convient, à une nuance près :

« Il était, écrit Truffaut, moins sournois qu'Antoine Doinel, qui fait toujours ses coups en cachette, qui feint toujours la soumission pour n'en faire finalement qu'à sa tête. »

Jean-Pierre Léaud est un garçon bien plus animé, direct, turbulent, que le jeune François de 1946, mais François Truffaut, devenu cinéaste, ne s'en plaint pas. Il décide d'adapter le personnage à l'acteur, et non l'inverse.

« Rien d'étonnant, écrit-il encore, si Antoine Doinel s'est, dès le premier jour de tournage des *400 coups*, éloigné de moi pour se rapprocher de Jean-Pierre. »

Le personnage doit donc son existence, tellement unique, tellement singulière, à la rencontre de deux vies, et le film lui-même accorde son rythme à la respiration d'Antoine Doinel et à ses battements de cœur lors de la longue course finale vers la mer, qui a bouleversé les spectateurs du monde entier.

« TIREZ SUR LE PIANISTE. »

À peine remis de son succès, François Truffaut se lance dans une nouvelle aventure. Le 30 mars 1959, il entreprend, gaiement et bravement à la fois, le tournage de son second film, dont il va chercher cette fois le sujet très loin de sa propre vie. La lecture

LE PERSONNAGE D'ANTOINE DOINEL DOIT SON EXISTENCE À LA RENCONTRE DE DEUX VIES, CELLE DE JEAN-PIERRE LÉAUD ET CELLE DE FRANÇOIS TRUFFAUT.

de *Tirez sur le pianiste*, un roman de série noire signé David Goodis, l'a enthousiasmé. Il avait été ému de la même façon quatre ans plus tôt en découvrant *Johnny Guitar*, le western de Nicholas Ray.

« Jeune cinéaste américain, écrivait-il, Nicholas Raymond Kienzle (Nicholas Ray) est un auteur au sens que nous aimons donner à ce mot. Tous ses films racontent la même histoire, celle d'un violent qui voudrait ne plus l'être, ses rapports avec une femme moralement plus forte que lui car le frappeur, héros de Ray toujours, est un faible, un homme-enfant, lorsqu'il n'est pas simplement un enfant. »

Ne croirait-on pas reconnaître dans ce portrait celui du personnage incarné par Charles Aznavour dans *Tirez sur le pianiste* ? Charlie Kohler est un musicien timide, généreux, qui n'a aucune envie de se laisser embarquer dans les sombres démêlés de ses deux frères gangsters avec une bande rivale, qui a déjà survécu à une première tragédie sentimentale, et qui veut désormais vivre en paix, sans histoires. Mais il a compté sans l'extravagante malice du destin, qui le rend follement amoureux pour la seconde fois, qui l'oblige, malgré toute sa répugnance, à poignarder un rival dérisoire, et qui tue sous ses yeux la femme qu'il aime, victime d'un règlement de compte entre gangsters absurbes.

« *Johnny Guitar* était, selon Truffaut, un western rêvé, féérique, irréel au possible, délirant... »

Tirez sur le pianiste sera, exactement dans le même esprit, un film de série noire irréel et délirant.

« Il n'est pas de film de Nicholas Ray, écrivait encore Truffaut, sans la tombée du jour. C'est le poète de la nuit qui tombe. »

Réalisant *Tirez sur le pianiste,* il s'abandonne à son tour à la pure jubilation d'une poésie nocturne, sourde, pénétrante, saugrenue, désinvolte, extraordinairement tendre, et tout à coup poignante.

□ Une seule image m'a décidé à faire le film, dira-t-il souvent. Elle était dans le livre. Une route en pente dans la neige, la voiture descendait, sans bruit de moteur, c'est tout. Cette image d'une voiture glissant dans la neige sans bruit de moteur, c'était une chose que j'avais terriblement envie de visualiser, le reste a suivi...

Le reste est nourri par les admirations de François.

Autant que d'adapter le livre de David Goodis, il avait envie de faire un film avec Charles Aznavour.

« Ce qui m'a frappé en lui ? écrit-il. Sa fragilité, sa vulnérabilité, sa silhouette gracieuse qui le fait ressembler à saint François d'Assise.

Au cinéma je n'aime guère les durs, les casseurs, les personnages « à priori » prestigieux, ceux qui dominent l'action et que rien ne peut atteindre. Ce n'est pas une question de format car l'immense Sterling Hayden, par exemple, est aussi fragile que le petit Aznavour : leur muscle le plus apparent est le cœur... »

La comparaison entre Aznavour et Sterling Hayden, qui incarna Johnny Guitar, confirme un peu plus la parenté entre *Tirez sur le pianiste* et le film de Nicholas Ray.

« ... On peut être faible et vulnérable sans être une victime, poursuit Truffaut. C'est pourquoi j'ai voulu que le personnage du *Pianiste* soit assez complet : riche, pauvre, courageux, peureux, timide, impulsif, sentimental, autoritaire, égoïste, tendre, doux et aussi heureux en amour bien que ne faisant jamais les « premiers pas ». Charlie est timide soit, mais les femmes adorent les hommes timides et se jettent sur eux... »

Comment ne pas voir ici que Truffaut s'identifie, par Aznavour interposé, au personnage de Charlie ? *Tirez sur le pianiste* lui permet d'écrire et de mettre en scène pour la première fois des scènes d'amour. Il y prend un plaisir évident, filmant le corps mobile et rond de Michèle Mercier, saisissant au passage les beaux regards inquiets de Nicole Berger, s'attardant sur les sourires doux, calmes, mais parfaitement résolus en même temps de Marie Dubois. « Il n'y a pas d'amour, il n'y a que des preuves d'amour », disait un personnage de Cocteau dans *Les dames du bois de Boulogne*. Charlie reçoit de Thérésa

(Nicole Berger) et de Léna (Marie Dubois) des preuves d'amour éclatantes, mais sa maladresse conjuguée à sa guigne

AVRIL 1959. TOURNAGE DE *TIREZ SUR LE PIANISTE*. FRANÇOIS TRUFFAUT RECONNAÎT QUELQUE CHOSE DE LUI-MÊME DANS LA FRAGILITÉ ET LA DÉTERMINATION DE CHARLES AZNAVOUR.

lui retirent cruellement à deux reprises ces promesses de bonheur.

La tragédie le guette, comme elle guette Plyne, le sordide et impitoyable patron du bistrot, sublimé soudain par sa passion des femmes, et qui prononce — à notre grande surprise — des phrases dignes de Jacques Audiberti, une autre admiration essentielle de François Truffaut :

— La femme est pure, délicate, fragile. La femme est suprême, la femme est magique, dit-il.

Boby Lapointe est là, lui aussi. Truffaut l'a découvert un jour au « Cheval d'Or », alors que Jacques Audiberti précisément se trouvait dans la salle.

« À cause de cet instant inoublié, écrira Truffaut en 1982, j'ai toujours jumelé dans ma mémoire ces deux géants timides, Boby Lapointe et Audiberti : chacun d'eux, empêtré dans la vie pratique, avait refusé l'état adulte, chacun était resté un colossal enfant. »

Boby Lapointe est là pour préserver la marge d'humour, sans laquelle François n'oserait pas lire d'aussi près les arrêts cruels de la destinée...

CHARLES AZNAVOUR,
MARIE DUBOIS,
LA SOUFFRANCE DES
PERSONNAGES DANS
LE SILENCE INDIFFÉRENT
DES NEIGES.

« Quelle avanie...
Avanie et Framboise
Sont les mamelles du Destin ! ... »

À la fin du film, la voiture rêvée par David Goodis et François Truffaut roule sur sa pente dans le blanc silence du paysage enneigé.

On ne peut pas nous faire mieux sentir l'inéluctable sous les apparences du furtif. Il s'agit bien d'une souffrance, d'une tragédie et d'un deuil, dont les cris sont d'autant plus émouvants qu'ils ne peuvent pas monter vers nous. Ils sont étouffés, comme par avance, sous la chute indifférente des neiges.

Mais *Tirez sur le pianiste* est sans doute un film trop neuf, trop contrasté, trop inattendu pour le public de 1960. Présenté à Deauville durant l'été, il est copieusement sifflé. À sa sortie en novembre, il divise les critiques en chauds partisans et détracteurs résolus.

« On s'y moque surtout du spectateur », écrit Louis Chauvet.

« *Tirez sur le pianiste* apparaît comme un ramassis de rogatons d'un restaurant bon marché », fulmine Georges Charensol.

« C'est un film moderne, remarque au contraire Michel Aubriant, donc un film qui exige un minimum d'attention et de complicité. C'est vif, neuf, vrai. »

En Angleterre, Karel Reisz, le cinéaste de *Samedi soir, dimanche matin,* écrit pour sa part :

« La délicatesse constante dans l'équilibre entre les nuances de sentiments — dans les rapports commentaire, dialogue, images — donne au film de Truffaut sa saveur très particulière de tristesse et de joie. »

François Truffaut reconnaîtra en 1962 qu'il a réalisé *Tirez sur le pianiste* dans l'euphorie du succès des *400 coups* :

□ Au premier film, dira-t-il, on se jette à l'eau : allons-y, je risque tout ; après, je ne ferai peut-être plus de films, mais pour le moment, je veux voir ce que ça va rendre. La réaction au premier film est très importante. S'il a du succès, on est toujours étonné. Le deuxième s'en ressent... Il est volontairement plus modeste dans son propos. C'est le troisième le plus intéressant :

il est une réflexion sur les deux autres et marque le départ d'une carrière.

Ce troisième film, pourtant, aurait dû être le premier. François Truffaut y pense depuis qu'il a lu *Jules et Jim* en 1953 dans une sorte d'éblouissement. Henri-Pierre Roché, l'auteur du roman, avait alors 74 ans. François en avait 21. Le projet de faire un film à partir de *Jules et Jim* s'était fortifié à la faveur d'une longue correspondance entre le vieil écrivain et le jeune cinéaste. Le 3 avril 1959, quatre jours avant sa mort, H.-P. Roché disait à Truffaut dans une dernière lettre sa joie d'apprendre que Jeanne Moreau acceptait le rôle de Catherine.

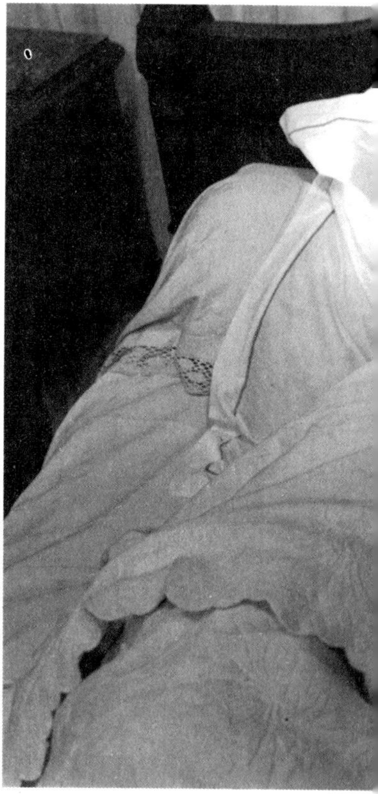

« Au début 61, écrit Truffaut dans le dossier de presse du film, j'ai pensé que le moment était venu de concrétiser ce vieux rêve. J'ai essayé de transposer fidèlement ce beau livre que l'éditeur Gallimard présentait ainsi : « Un pur amour à trois ».

Il fallait, en partant de la situation la plus scabreuse qui soit — deux hommes et une femme vivant ensemble pendant toute une vie —, réussir un film d'amour le plus « pur » possible et cela grâce à l'innocence des trois personnages, leur intégrité morale, leur tendresse et surtout leur pudeur, grâce encore à la forme de l'amitié entre les deux personnages masculins.

Jean Gruault et moi avons adapté ce livre méconnu avec le même amour et le même respect que s'il se fût agi du *Rouge et le*

JEANNE MOREAU DANS *JULES ET JIM*. IL S'AGISSAIT DE PRENDRE L'ÉMOTION DE VITESSE.

noir de Stendhal, car pour nous le roman d'Henri-Pierre Roché est un chef-d'œuvre digne des plus belles œuvres classiques. »

Pour Henri-Pierre Roché comme pour François Truffaut, la pudeur passe par la rapidité d'écriture, comme s'il s'agissait de prendre l'émotion de vitesse, en la purifiant ainsi de toute scorie, de toute complaisance, en raturant fiévreusement les phrases, les mots, les adjectifs inutiles.

Pour l'un comme pour l'autre la vraie préciosité, c'est-à-dire le sentiment du rare, de l'inouï, ne peut s'atteindre que par la précision, et même, d'une certaine façon, par la précipitation.

« *Jules et Jim*, écrit Truffaut, est un roman d'amour en style télégraphique, écrit par un poète qui s'efforce de faire oublier sa culture et qui aligne les mots et les pensées comme le ferait un paysan laconique et concret. »

Truffaut aime trop la « prose poétique » de Roché pour ne pas la respecter intégralement.

☐ Je reprochais justement aux adaptations d'Aurenche et Bost, dit-il, de faire du mauvais théâtre, quand il aurait mieux valu lire la prose à haute voix. Cette solution m'a toujours paru meilleure quand l'intérêt du livre est dans la prose.

« UN BONHEUR CONSTANT. »

Jules et Jim est donc, de son propre aveu, un « livre cinématographique » plutôt qu'un « film littéraire ». Il s'interrogera souvent par la suite sur le caractère étrange et même « aberrant » de l'entreprise.

☐ Je ne sais d'ailleurs pas, dit-il à Aline Desjardins en 1971, si je savais très clairement ce que je faisais... Il y avait un contraste entre le fait que ce livre était le premier roman d'un vieillard de soixante-treize ans et le troisième film d'un cinéaste de moins de trente ans. Ce grand contraste a opéré quelque chose de curieux. J'essayais de faire le film comme si j'étais quelqu'un de très âgé, comme si j'étais à la fin de ma vie...

Il dira aussi que le thème de la grande amitié entre deux hommes ne lui était pas du tout familier, qu'il appartenait plutôt à l'univers de Jacques Becker ou de Jean-Pierre Melville. Il découvrira alors la raison profonde de son enthousiasme pour le sujet : son amour pour les femmes concentré ici dans son admiration éperdue pour une seule femme, comme si Catherine les représentait toutes et d'autant mieux qu'elle n'a rien d'une figure idéale. Truffaut sait que Henri-Pierre Roché s'est inspiré d'une personne réelle, une femme de lettres allemande, qui vit encore au moment où il réalise le film, qui voudra rester dans l'ombre au moment de la sortie de *Jules et Jim,* mais qui lui dira à quel point elle a été émue de se voir sur l'écran, ré-incarnée par Jeanne Moreau.

Le miracle de *Jules et Jim* tient précisément à la conjonction entre cette histoire vraie du temps passé et l'éclatante liberté du jeune cinéaste et de son interprète.

Jeanne Moreau se souvient de ce tournage comme d'un « bonheur constant » :

— Sur le plateau, écrit-elle, François était absolument concentré, comme s'il était refermé sur lui-même et sur le film, on sentait qu'il n'y avait que le film qui comptait, donc il y avait une gravité, une profondeur, et en même temps des éclats de rire perpétuels, une ouverture, une capacité à saisir tout ce qui peut se passer pendant le tournage ou autour du tournage et à s'en servir, à les absorber dans le film.

Truffaut, de son côté, écrit en 1979 :

« Jeanne Moreau est à son meilleur dans une ambiance de travail rieuse et tendre qu'elle contribue à créer et qu'elle aide à préserver même quand il s'agit de projeter des émotions fortes. Générosité, ardeur, complicité, compréhension de la fragilité humaine, tout cela peut se lire sur l'écran quand Jeanne Moreau joue. À l'intérieur de mes vingt ans de cinéma, le tournage de

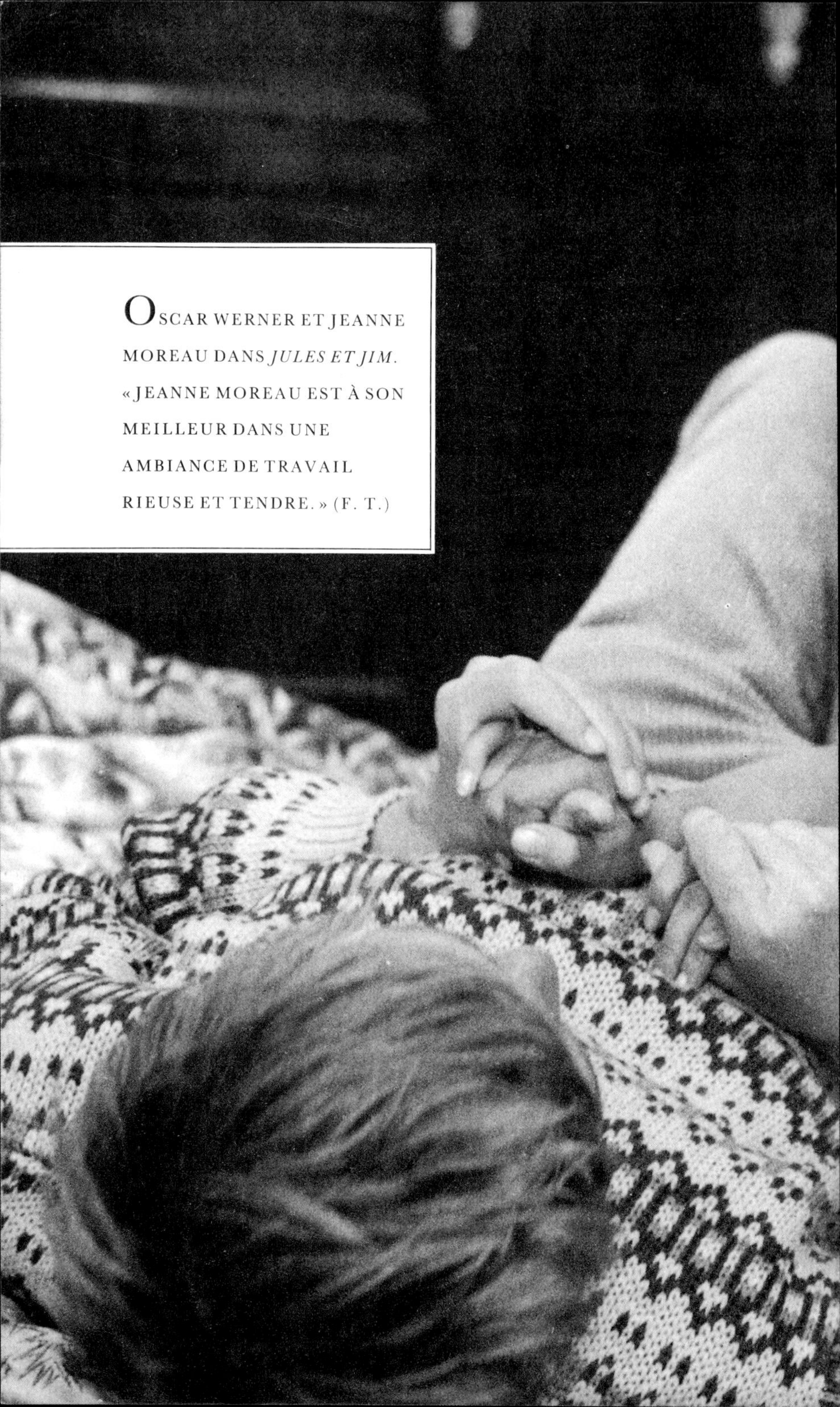

OSCAR WERNER ET JEANNE MOREAU DANS *JULES ET JIM*. « JEANNE MOREAU EST À SON MEILLEUR DANS UNE AMBIANCE DE TRAVAIL RIEUSE ET TENDRE. » (F. T.)

JEAN-PIERRE LÉAUD ET MARIE-FRANCE PISIER DANS *L'AMOUR À VINGT ANS.*

Jules et Jim, grâce à Jeanne Moreau, reste un souvenir lumineux, le plus lumineux. »

Il lui faudra du temps encore pour voir clair dans ses propres intentions. En juin 1980, alors que le film est devenu un classique unanimement admiré, il me confiera devant le micro de *France-Culture* :

□ Je dirais que *Jules et Jim* a été fait, inconsciemment, pour faire plaisir à ma mère, qui avait beaucoup souffert de mon premier film, *Les 400 coups*. Et j'ai voulu à travers ce film, probablement, lui montrer que je la comprenais. D'ailleurs, j'aurais dû m'en douter plus tôt. Vous savez que les metteurs en scène sont paranoïaques, qu'ils se souviennent toujours de *la* mauvaise critique, même si toutes les autres sont bonnes. Eh bien, la mauvaise critique de *Jules et Jim*, dans la revue *Esprit* je crois, disait : « Au fond, il ne s'agit dans toute cette histoire que de deux enfants amoureux de leur mère », et je m'était dit : « Il va chercher midi à quatorze heures, quel type torturé !... » À part ça, il n'y a rien d'autobiographique dans *Jules et Jim*...

« UNE PRÉCISION DÉMENTE. »

Le sketch de *L'amour à vingt ans* marque aussitôt après *Jules et Jim* le retour à l'autobiographie directe. Marié à présent, et père de deux petites filles, le cinéaste heureux se souvient de son amour malheureux de la vingtième année.

Entre-temps Jean-Pierre Léaud est devenu un jeune homme, mais il a conservé tout le charme d'un Antoine Doinel, seul désormais, habitant une petite chambre et travaillant dans une fabrique de disques. Un soir, parmi la foule d'un concert des

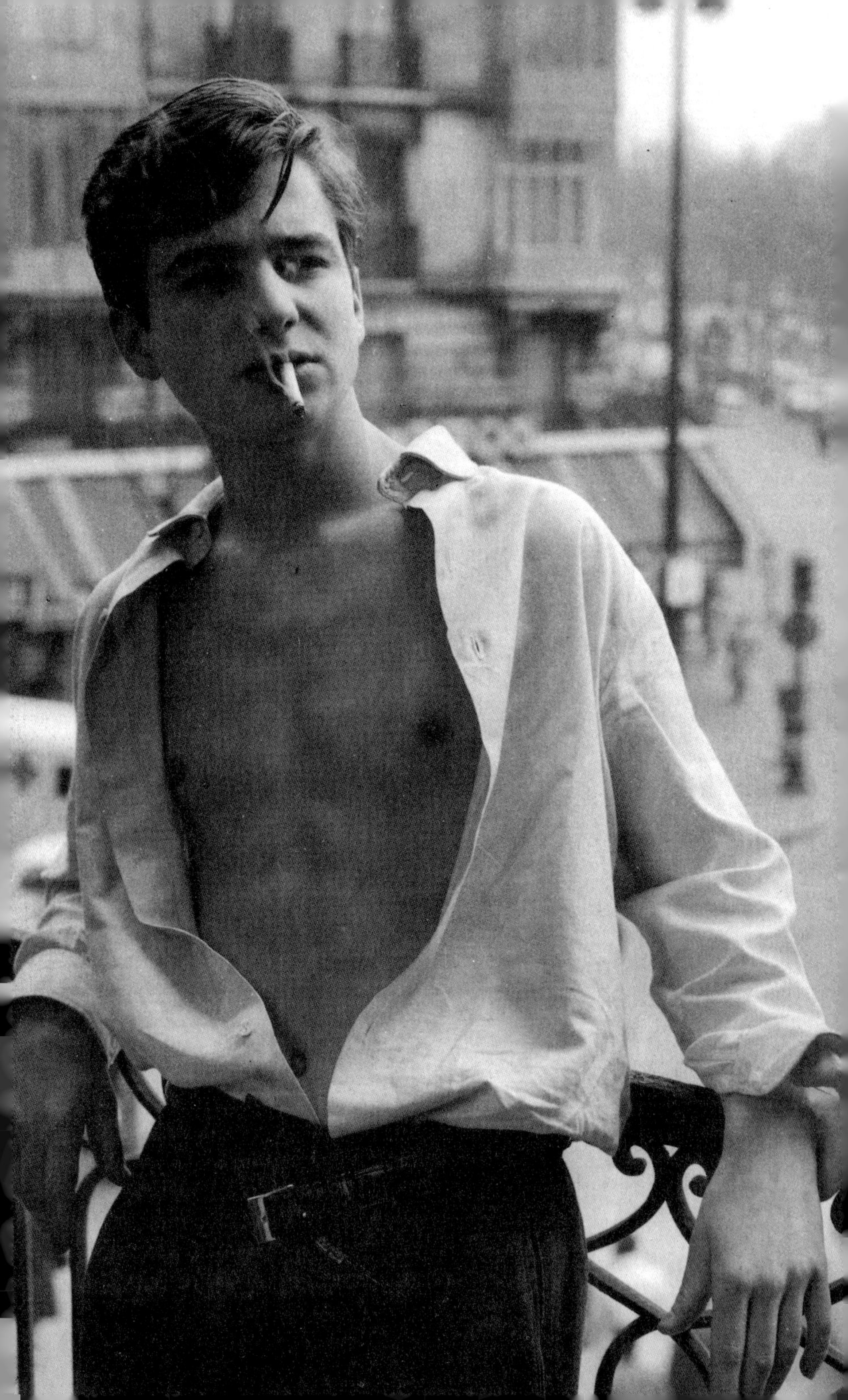

« LA REVANCHE DES *400 COUPS*, C'EST QUE J'AVAIS DES ADULTES SYMPATHIQUES. »

« Jeunesses musicales », le visage d'une jeune fille retient son regard. Marie-France Pisier, que Truffaut a fait venir de Nice où elle était collégienne, est très belle en effet, et elle possède une voix étonnamment juste et mélodieuse.

François Truffaut trouve lui aussi des accents d'une rare justesse pour peindre la naissance de cet amour, la difficulté de l'approche, les moments d'espoir, les jours d'incertitude, et pour finir, l'instant de la noire déception.

Le tournage est très largement improvisé, mais rien n'est laissé au hasard.

— Je me souviens, raconte Marie-France Pisier, d'une scène très importante, celle du « coup de foudre musical », une des premières que nous ayons tournées. Il fallait faire une série de gestes d'une précision démente, imposés par François : il disait à Jean-Pierre : « Tu tournes la tête de ce côté, non pas trop », à moi : « Tu prends la chaîne que tu as au cou, tu la portes à ta bouche, pas deux fois, une seule, refais-le, tu croises les jambes, pas deux fois, une seule, le geste plus net. » C'était une véritable partition musicale.

Truffaut est ravi. Il aime tous ses personnages, en particulier les parents de sa jeune héroïne.

□ La revanche des *400 coups,* dit-il, c'est que j'avais des adultes sympathiques... J'ai montré une famille différente, une famille qui marche bien. C'est pour cela que j'aime probablement davantage ce film-là : c'est parce qu'il est plus léger et en même temps plus simple, je crois même plus près de la vie. Je l'ai fait dans un moment d'insouciance : *Jules et Jim* venait de sortir et avait été très bien accueilli, ce qui fais que je me rendais au travail pour faire *L'amour à vingt ans* avec beaucoup de gaieté. »

Aux yeux de François Truffaut, fidèle en cela à la leçon de Jean Renoir, une œuvre doit se construire en se complétant, au risque de se contredire. « La jeunesse est pressée, la jeunesse est impatiente », écrivait-il en 1958. Il vient de le prouver en enchaînant quatre films très différents, où il s'est servi de la vitesse, de l'improvisation, de la précipitation ardente du récit, pour s'emparer, comme par effraction, de la vérité en son état naissant. En dehors des gosses des *400 coups* et des jeunes gens de *L'amour à vingt ans,* il découvre — ou il découvrira — que ses personnages, masculins en particulier, ont tous quelque chose d'enfantin, ou de puéril. Ce qui lui a permis de les comprendre et de les peindre avec ce mélange de curiosité aiguë, d'étonnement et de tendresse, qui le caractérise.

En 1962, il entre lui-même dans sa trentième année, et il entend exercer son regard sur de véritables adultes.

Voilà pourquoi il prend son temps avant d'entreprendre *La peau douce.* Les difficultés de production du projet *Fahrenheit 451,* qu'il aurait dû tourner beaucoup plus vite, le servent à cet égard en lui procurant le loisir de réfléchir sur le cinéma et sur sa propre vie.

« DANS UN ÉTAT DE TENSION EXTRAORDINAIRE. »

— *La peau douce,* raconte Jean-Louis Richard, est partie d'une idée un peu utopique, mais qui reste forte dans le film : on parlait des relations des hommes et des femmes, de l'adultère, et on a voulu faire un film où la femme, le mari, la maîtresse soient à égalité. François parlait de ce film, mais on ne l'écrivait pas parce qu'il ne savait pas comment finir. Jusqu'au jour où il a pensé au fait divers de la rue de la Huchette : une femme qui va tuer son mari avec un fusil de chasse dans un restaurant. On a commencé à partir du moment où il a dit : « Voilà une fin authentique, qui n'est pas à mettre en question, qui n'est pas une invention de scénariste, donc on peut faire le film. » On a loué un appartement à Cannes, en plein été, on a fermé les volets et on a travaillé dans un état de tension extraordinaire, très vite. Je crois que c'est le film qui a été écrit le plus vite. C'était comme si on s'en délivrait.

Truffaut veut-il se délivrer d'une culpabilité personnelle ? Je n'en sais rien, mais il fait tout à coup sûr pour ne pas donner le « beau rôle » à son protagoniste. Pierre Lachenay est un homme de lettres, biographe de Balzac, directeur de revue, installé dans une vie confortable, roulant en DS19, habitant Neuilly, aimable sans aucun doute et probablement talentueux, mais ne possédant rien de cette noblesse intime ni de cette aura poétique qui nous rendaient tellement attachants Jules, Jim, ou bien encore Charlie Kohler dans *Tirez sur le pianiste*.

Le nom de Lachenay n'a pas été choisi au hasard par François Truffaut. Il lui est arrivé souvent de signer des articles dans *Arts* et dans *Les Cahiers du cinéma* en empruntant le nom de son ami Robert Lachenay et en l'utilisant comme un pseudonyme. Ce nom lui a donc déjà servi à se cacher, ou — du moins — à révéler une autre part de lui-même.

S'il confie le rôle à Jean Desailly — acteur remarquable, mais sans prestige personnel particulier — c'est, de toute évidence, pour que nous ne soyons pas enclins à lui pardonner beaucoup en cédant à son charme, comme nous cédons au charme de Charles Aznavour ou à celui de Jean-Pierre Léaud.

François Truffaut s'interdit donc toute indulgence à l'égard de

JEAN DESAILLY ET FRANÇOISE DORLÉAC DANS *LA PEAU DOUCE*. « L'HISTOIRE ASSEZ MINUTIEUSE D'UN ADULTÈRE. »

LA FEMME (NELLY BENEDETTI), LA MAÎTRESSE (FRANÇOISE DORLÉAC), LE MARI (JEAN DESAILLY).

son personnage. Il n'entend pas nous dissimuler ses faiblesses, ses précipitations maladroites, ses gaffes, ses sincérités successives. Il ne nous demande pas de nous identifier à lui, mais de partager seulement, comme il la partage lui-même, la pure et simple intensité de ses désirs et de ses peurs.

En se défendant contre la tentation du lyrisme, qui lui est si naturelle, il colmate la dernière brèche par où la complaisance pourrait s'introduire.

□ *La peau douce,* dit-il, est une histoire d'adultère, très réaliste, qui donnera à l'amour une image anti-poétique, l'inverse en quelque sorte de *Jules et Jim*... Ce qui m'intéresse le plus, c'est le personnage de la femme trompée : on en fait toujours le personnage ingrat. Ici, elle sera considérée de la façon la plus anti-conventionnelle possible.

Pierre Lachenay, en effet, semble prendre les décisions et conduire l'action du film, mais ce sont les deux femmes en face de lui qui parlent au nom de la vérité, aussi navrante, ou tragique soit-elle.

Nicole (Françoise Dorléac), la jeune hôtesse de l'air, qui l'a aimé et qui l'aime encore sans doute sincèrement, se charge de le ramener à la réalité lorsqu'il annonce son intention de divorcer et de l'épouser.

— Remarque, lui dit-elle. Tu as bien fait de précipiter les choses, d'aller trop vite, parce que, au fond, on aurait traîné encore quelque temps... Tout ça pour en arriver au même point... C'était inutile. Regarde hier soir au restaurant. Si tu crois que je n'ai pas vu à quel point je t'agaçais, comme tu te sentais mal à l'aise. Et je peux même te dire que pendant cinq minutes tu m'as détestée... Parfaitement ! Tu sais, quand on en est réduit à se ménager, ce n'est pas le moment de faire des projets d'avenir.

Quant à Franca, la femme trompée (Nelly Benedetti), elle suscite, malgré la démesure de son acte final, une sorte d'admiration. Celle qui s'attache aux êtres indomptables. Elle, au moins, n'aura pas craint d'aller jusqu'au bout de sa passion.

La peau douce est certainement dans l'esprit de François Truffaut un film très ambitieux, celui par lequel il espère

« JE VOUDRAIS QUE MON
QUATRIÈME FILM NE SOIT
PAS UN NAVIRE EN
PERDITION...
JE VOUDRAIS OBTENIR
UN BEAU TRAJET RÉGULIER,
HARMONIEUX... »

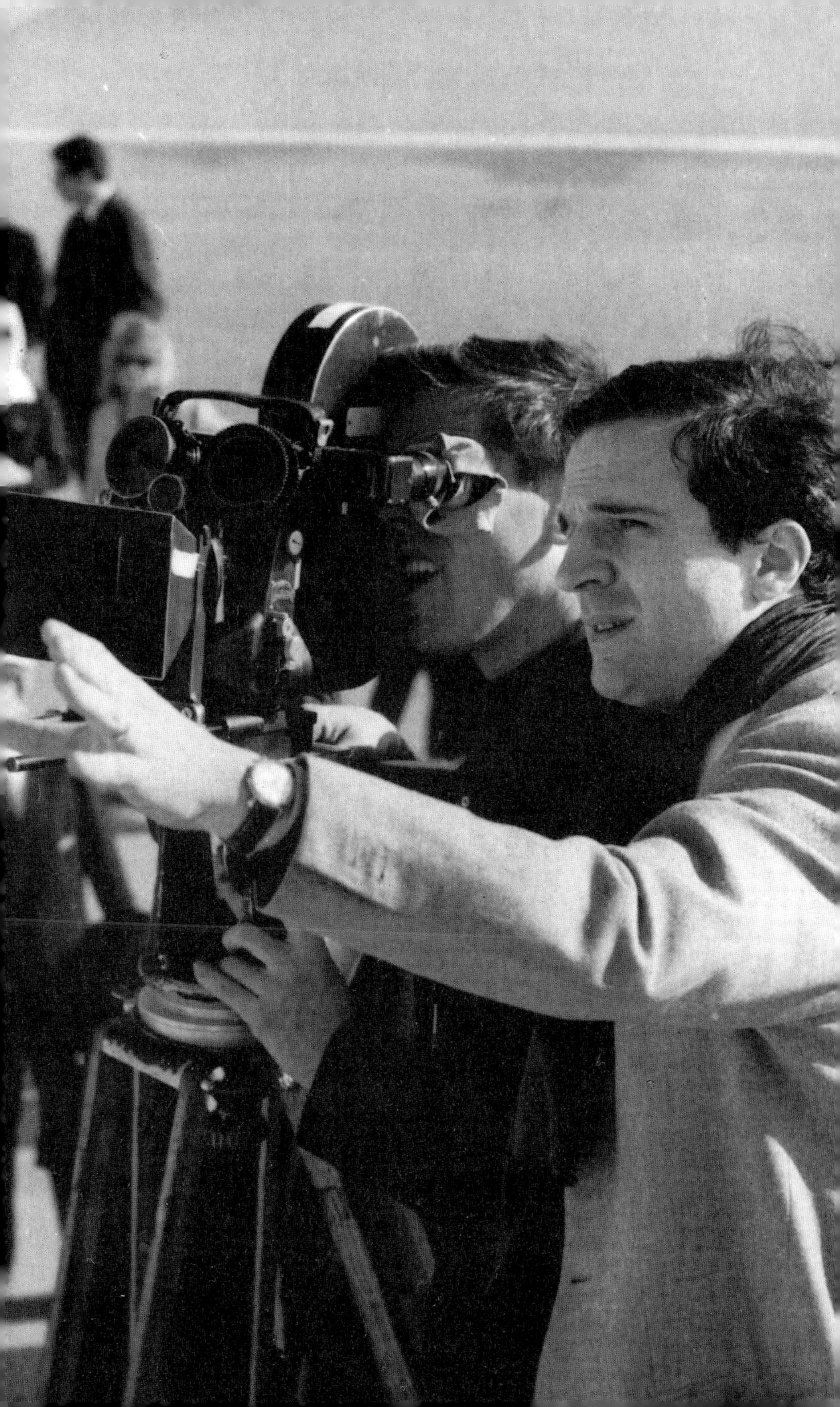

atteindre à la fois l'unité et la plénitude romanesque, loin des « petites idées » dont il nous parlait en 1958.

Voilà pourquoi il se livre à un travail de préparation particulièrement intense. Il a eu l'impression jusqu'ici de lancer des bateaux à la mer, sans savoir exactement où ils le conduiraient.

« Le travail consistait, écrit-il, à redresser la barre jour après jour afin d'éviter le naufrage. ... À présent, je suis las de ces images maritimes et je voudrais que mon quatrième film ne fût plus un navire en perdition, mais un train qui traverse la campagne. Je voudrais obtenir un beau trajet régulier, harmonieux, sans chaos et sans erreurs d'aiguillage. Je voudrais que l'improvisation, au lieu de masquer précipitamment les faiblesses, se borne à huiler les rouages, à ajouter un wagon sans dévier ni ralentir la marche. »

Le film se déroule donc sous nos yeux avec une grande fluidité feutrée, extraordinairement souple, qui crée un sentiment « sournois » de la durée, tout à la fois paisible et anxieux. Les scènes les plus anodines en apparence, les trajets en voiture, les échanges d'amabilités, les contre-temps, sont traités avec une minutie intense, une acuité sans faille, porteuse de présages diffus, que le dénouement seul élucidera.

Lorsqu'on accusera Truffaut, au Festival de Cannes de 1964, d'avoir trahi les ambitions de la « Nouvelle Vague » en traitant un sujet mille fois rebattu, l'adultère, il répondra :

□ Oui, j'ai fait un film sur l'adultère, mais en m'appliquant à ne tourner que les scènes que l'on ne montre pas habituellement, les hasards, les entre-deux... Ce qui me plaisait, c'était de commencer une scène par le poncif et de le dépasser.

Jamais, en effet, les entre-deux n'auront été aussi pleins, ni les hasards aussi chargés d'intentions — et de tensions — secrètes. Truffaut s'appuie sur la réalité vécue des drames passionnels dont il s'est inspiré, en même temps que sur sa propre expérience, pour observer au plus près le cheminement insidieux de la tragédie.

La consigne qu'il donne constamment à ses acteurs et à ses techniciens : « Bien net ! Il faut que ce soit bien net ! », est ici admirablement respectée.

La netteté du point de vue trouve son exact répondant dans l'honnêteté du propos, qui se manifeste on ne peut plus clairement sur l'écran à travers le personnage et la personne de Françoise Dorléac.

On sait que la jeune actrice devait trouver la mort trois ans plus tard dans un accident de la route.

« Françoise Dorléac était intransigeante, écrira François Truffaut en avril 1968. Elle était une moraliste, ses interviews étaient riches en aphorismes exigeants sur la vie et sur l'amour. Elle pouvait jeter sur quelqu'un dont elle se méfiait un regard soudainement très dur, la vie ne l'avait pas encore tabassée, l'indulgence serait venue plus tard... »

Réalisant *La peau douce,* François Truffaut n'a jamais été lui-même aussi intransigeant.

Le mot « intransigeance » convient du reste infiniment mieux à son état d'esprit de l'année 64 que le mot « rigueur ».

La rigueur est froide, calculatrice. L'intransigeance est vive, aiguë, passionnée.

C'est elle qui permet à François Truffaut d'ouvrir, par des moyens très différents, les chemins de la vérité.

LES CHEMINS DE LA LIBERTE

Lorsqu'il entreprend, en janvier 1966, le tournage de *Fahrenheit 451,* François Truffaut vend sa voiture pour se donner l'impression d'être un homme libre. Libre à la façon des « hommes-livres » de son film. Puis il se fait couper les cheveux au plus court pour ne pas avoir à aller chez le coiffeur pendant toute la durée du tournage.

Il entend se consacrer entièrement à cette histoire « archi-simple », comme il l'écrit dans son « journal de tournage » publié chaque mois par *Les Cahiers du cinéma* :

« *Fahrenheit 451* est l'histoire archi-simple d'une société dans laquelle il est interdit de lire et d'avoir des livres. Les pompiers — qui autrefois éteignaient les incendies — sont chargés de confisquer les livres et de les brûler sur place. L'un d'eux, Montag, sur le point d'être promu à un grade supérieur, influencé par sa rencontre avec une jeune questionneuse (Clarisse) commence à lire des livres et à y trouver du plaisir. Sa propre femme (Linda) le dénonce par peur et Montag est amené à incendier littéralement son capitaine. Ensuite il s'enfuit, et il vous suffira d'acheter un ticket à l'entrée des bons cinémas pour savoir où. »

C'est dans une lointaine campagne, là où se sont réfugiés les « hommes-livres » que Montag est accueilli. Ces hommes et ces femmes, résistant à l'oppression, ont décidé d'apprendre chacun, par cœur, l'un des chefs-d'œuvre de la littérature mondiale.

Histoire archi-simple en effet, mais dont Truffaut découvre progressivement tous les pièges. Il ne veut pas faire un film bêtement généreux de dénonciation humanitaire. Voilà pourquoi l'idée lui vient de faire brûler aussi *Mein Kampf* par les pompiers incendiaires. Il ne veut pas mettre l'accent sur la romance sentimentale et idéaliste entre Montag et Clarisse. Il se heurte même très violemment à ce sujet avec Oscar Werner, qui souhaite jouer ses scènes avec la jeune femme comme des scènes d'amour conventionnelles. Il ne veut pas — c'est une règle qu'il s'est donnée une fois pour toutes — que les personnages antipathiques du film soient trop chargés. Il met de très bons arguments — contre les livres — dans la bouche du capitaine des pompiers, et il pourrait même reprendre à son compte certains de ses propos dénonçant la vanité des écrivains.

Des deux femmes, incarnées par la même Julie Christie, c'est Linda, l'épouse de Montag parfaitement insérée dans les cadres de cette société atroce, qui l'intéresse le plus. Il s'ingénie à la rendre pathétique en même temps qu'odieuse. Il s'efforce de nous révéler grâce à de tout petits signes (les attitudes étranges de ces gens qui se caressent maladivement le visage, par exemple) la souffrance de ceux qui se résignent à l'aliénation, et il se méfie au contraire chaque fois qu'il doit exalter l'héroïsme des révoltés.

Le 19 février 66, il écrit dans son *Journal :*

« Il y a deux mois, *Fahrenheit 451,* sur le scénario, était un film dur et violent, animé de bons sentiments et plutôt grave. En le tournant, je me suis rendu compte que j'étais tenté de lui donner de la légèreté, et cela m'a amené à le traiter d'un peu plus loin et à regarder l'avenir comme j'ai regardé le passé dans *Jules et Jim*, sans forcer la main au public, sans le contraindre à trop y croire. Si je recommençais le film à zéro, je dirais au décorateur, au costumier et à l'opérateur en guise d'instructions : faisons un film sur la vie comme la voient les enfants, les pompiers seront des soldats de plomb, la caserne un superbe jouet, etc. Je voudrais que *Fahrenheit 451* ne ressemble ni à un film yougoslave ni à un film gauche américain. Je voudrais qu'il demeure modeste malgré son "grand sujet", un film simple. »

« LES LIVRES SONT VIVANTS ET ILS PEUVENT MOURIR. » (F. T.)

Une fois de plus, Truffaut traque donc avec vigilance tout ce qui peut lui apparaître comme relevant d'un cliché ou d'une convention quelconque. On a pu penser à la sortie du film en 1966 que la somme de ces refus avait neutralisé le film, en le vidant des émotions qui auraient dû normalement nous étreindre. Truffaut en était très conscient :

□ J'ai toujours l'impression d'aller très loin, m'avait-il dit alors, de frôler le scabreux dans *Jules et Jim*, le barbare dans *Fahrenheit*, et j'aboutis à un chant de flûte...

Il est vrai que *Fahrenheit 451* n'a rien d'un plaidoyer.

□ J'ai filmé des livres, m'avait dit encore François Truffaut, de manière qu'ils puissent se défendre tout seuls, de manière que l'on sente qu'ils sont vivants et qu'ils peuvent mourir.

Ce parti pris se suffit admirablement à lui-même. Vingt ans

Ci-contre, dans *Fahrenheit 451*, Julie Christie joue les deux rôles féminins : Clarisse et Linda.

Ci-dessous, Fahrenheit 451, c'est la température à laquelle brûlent les livres.

LE CINÉMA SELON
HITCHCOCK
F. TRUFFAUT

après, force nous est de constater que Truffaut ne s'était pas trompé d'avenir, puisque *Fahrenheit 451* nous parle encore de ce que nous vivons alors que *La Chinoise,* par exemple, ou la séquence Viêt-nam de *Pierrot le fou,* nous apparaissent comme d'étranges incongruités historiques. Truffaut avait donc perçu mieux que Godard, derrière le grand cirque idéologique de la fin des années 60, la vraie nature de la crise à venir. Le fond de l'air n'était pas rouge, il était affreusement terne au contraire. Peu de films, autant que *Fahrenheit 451,* nous auront prévenus contre la fadeur d'un temps neutralisé, désaffecté, égalisé. Un temps, un monde, qui pourraient vivre sans le secours du roman, de la poésie, de l'histoire, de la philosophie, et qui se montreraient aussi maussades que le visage d'Oscar Werner dans le film, humblement prophétique, de François Truffaut.

— *Fahrenheit,* lui avait dit Roberto Rossellini, est plus cruel que n'importe quel film à force de douceur.

Le 12 janvier 1966, tout en se préparant à réaliser *Fahrenheit,* François Truffaut a publié *Le cinéma selon Hitchcock.* Un livre auquel il a consacré autant de soin, d'amour et d'attention, qu'à n'importe lequel de ses films (éditions Robert Laffont, 1966).

Il ne s'agit pas seulement pour lui de rendre hommage à un grand cinéaste, en lui proposant de s'expliquer aussi précisément que possible sur chacun de ses films. Ce que Truffaut recherche au long de ces conversations, c'est aussi une solution à ses propres problèmes. Il se sent trop attaché encore, comme réalisateur, à la vérité vérifiable, il a besoin de croire à la réalité de ce qu'il montre. Or, comme spectateur, il ne hait rien tant que la platitude documentaire. Il se sent attiré au contraire par les personnages excessifs autant que par les situations extrêmes. Souvenez-vous de sa déclaration initiale : « Les extrêmes me touchent. » Ce qu'il attend d'Hitchcock, de ses films comme de ses propos, c'est donc une leçon de liberté et d'intensité, en même temps que de logique dans la conduite d'un récit visuel.

Hitchcock ne laisse pas au spectateur de *Fenêtre sur cour* ou de *Vertigo,* captivé par l'enchaînement — magique et concret à la fois —, des tensions et des péripéties, le loisir de s'interroger sur

LA MARIÉE ÉTAIT EN NOIR, PARCE QUE SON MARI A ÉTÉ ASSASSINÉ LE JOUR DE SON MARIAGE, JULIE KOHLER (JEANNE MOREAU) SE VENGE.

la vraisemblance de ce qu'il voit. Truffaut voudrait parvenir à un résultat semblable, c'est-à-dire à un cinéma qui prendrait, sans l'avouer, les libertés du rêve, et qui puiserait dans les visions du sommeil toute sa puissance de révélation et d'évocation.

Voilà pourquoi il se reconnaît aussi bien dans les films d'Hitchcock que dans les romans de William Irish. Ils sont l'un et l'autre, à ses yeux, des « artistes de la peur ».

« On rencontre peu de gangsters dans ses livres, écrit-il à propos de William Irish, ou alors ils occupent l'arrière-plan de l'intrigue, généralement centrée sur un homme ou une femme ordinaire à qui il arrive quelque chose d'extraordinaire.

« UN AMOUR TOTAL, EXCLUSIF, IRREMPLAÇABLE... »

L'amour tient une grande place dans les histoires d'Irish, un amour total et exclusif, irremplaçable lorsqu'il est brisé. Héros ou héroïne, le personnage principal d'un roman de William Irish est le plus souvent un être têtu, idéaliste, animé par une idée fixe. Dans *La mariée était en noir*, Julie consacre sa vie à venger la mort de son fiancé, qui ne fut son mari que le temps de faire, en robe blanche, le chemin de l'autel à la porte de l'église. »

Jeanne Moreau incarne donc en 1967 cette Julie Kohler au cœur brisé et à l'âme intraitable. Elle recherche, pour les tuer, chacun des cinq hommes qui — par bêtise et par maladresse, à vrai dire, plus que par méchanceté — lui ont pris la vie de son fiancé. Elle s'interdit absolument de s'interroger sur les degrés de culpabilité réelle de ces assassins qui vont devenir tour à tour ses victimes. Elle passe à l'acte cinq fois de suite, et elle va au bout d'une obsession, qui la rend supérieurement inventive et adroite.

Truffaut ne peut donc demeurer en reste dans la conduite d'un récit, où l'image à elle seule, le plus souvent, suffit à nous faire comprendre les cheminements de pensée dans l'esprit des personnages. Le geste de Jean-Claude Brialy, par exemple, versant un verre d'eau dans le pot d'une plante verte, nous permet de savoir qu'il vient de faire mentalement le lien entre la belle inconnue rencontrée chez Fergus (Charles Denner) son ami peintre et la femme entrevue chez son autre ami Bliss (Claude Rich) assassiné au début du film. C'est la même femme, se souvient-il, qui avait versé elle aussi de son verre dans une plante verte. Truffaut n'a plus besoin dès lors de nous montrer Jeanne Moreau assassinant Charles Denner. Nous verrons seulement son corps étendu et son dos percé d'une flèche.

Ces raccourcis, que Lubitsch n'aurait pas désavoués, ne témoignent pas seulement d'un désir de virtuosité.

□ Pour moi, et aussi pour mes acteurs, dit Truffaut, *La mariée* est un film grave. Parce qu'on ne peut pas filmer la mort pendant cinquante-six jours sans en être affecté. Je suis convaincu du reste que la première scène de mort filmée par un cinéaste marque une étape dans sa carrière.

Pour chacun des cinq hommes, Julie Kohler représente d'abord une sorte d'apparition, qui les intrigue puis les séduit, avant de révéler l'objet véritable de sa visite. Elle incarne l'amour, inespéré, imprévisible, chargé de mystère. Ils ne savent pas, les malheureux, que c'est de leur propre mort qu'ils sont tombés amoureux.

Le thème de la vengeance dissimule donc ici le vrai sujet du film, celui qui se dévoilera ensuite dans *La sirène du Mississippi* puis dans *La femme d'à côté*, et d'une autre façon dans *L'homme qui aimait les femmes*. Nous commençons par apercevoir que l'amour et la mort exercent sur les personnages de François Truffaut une fascination identique. Pour lui, la peur et le désir sont absolument liés. On comprend qu'il admire Hitchcock pour la façon qu'il a de « filmer les scènes de meurtre comme des scènes d'amour, et les scènes d'amour comme des scènes de meurtre. »

Dans la carrière de Truffaut, toutefois, les films se suivent à condition de ne pas se ressembler. Après la rêverie poignante de *La Mariée,* qui se déroule dans un pays imaginaire, il revient à la réalité des

HIVER 1968.
TOURNAGE DE *BAISERS VOLÉS*
AVEC CLAUDE JADE ET
JEAN-PIERRE LÉAUD.

rues des Paris, pour y tourner *Baisers volés,* nouvel épisode des aventures d'Antoine Doinel, mais aussi pour y manifester en faveur de Henri Langlois chassé par une décision gouvernementale de la direction de la Cinémathèque française.

Étrangement, en ces mois d'hiver 1968, les remous de l'affaire Langlois précèdent et annoncent les événements de mai.

□ Mai 68, dit Truffaut à Aline Desjardins, pour beaucoup de gens c'était le début de quelque chose. Pour moi, c'était la fin de quelque chose, c'était la fin de l'histoire de la Cinémathèque qui

avait commencé quatre mois avant, et dans laquelle j'étais entré parce que c'était un combat bien clair, bien précis. C'était une chose que je connaissais, la Cinémathèque française, où j'avais passé une grande partie de ma vie, et il y avait l'injustice criante, évidente; le fondateur de la Cinémathèque qu'on voulait débarquer, remplacer par des gens du gouvernement, et le gouvernement s'appropriant un stock de films qui ne lui appartenait absolument pas puisque c'était un dépôt de collectionneurs, vous voyez, c'était une lutte bien précise: on mettait la main sur quelque chose qui n'avait pas à être touchée.

Durant tout le tournage de *Baisers volés,* François Truffaut mène donc, de son propre aveu, une double vie de cinéaste et de militant. Trésorier du « Comité de défense de la Cinémathèque », il se dépense, en effet, sans compter. Il donne des coups de téléphone entre les plans, il écrit des articles incendiaires, il répond à de multiples interviews...

☐ De tout cela, je crois, dit-il, le film n'a pas souffert, peut-être même au contraire... Les acteurs ont improvisé avec le film, qui est devenu un jeu que l'on jouait quand on avait le temps. Heureusement, le principe du scénario se prêtait à cet état d'esprit...

« UN FILM QUI ESPÈRE RESSEMBLER À UNE CHANSON... »

Ce nouveau Doinel représente en effet une détente après les tensions dramatiques très serrées de *Fahrenheit* et de *La Mariée*. Plus encore que *Les 400 coups* et que le sketch de *L'Amour à vingt ans, Baisers volés* adopte le ton et la cadence d'une libre chronique. Antoine, réformé comme le fut François dix-sept ans plus tôt, pour « instabilité caractérielle », entre dans la vie au pas de course. Il exerce tous les petits métiers qu'on lui propose, veilleur de nuit dans un hôtel, détective privé dans une agence, réparateur de télévion... Mais surtout, il se livre absolument aux pulsions de ses désirs et à la générosité romantique de ses sentiments.

Truffaut se garde bien de refermer le film sur ses propres souvenirs de jeunesse. Il souhaite, au contraire, l'ouvrir à tous vents. Il demande à son ami Claude de Givray et au scénariste Bernard Revon, qui travaille avec lui, de mener une enquête approfondie, afin de nourrir l'action du film de cette affolante vérité de la vie, qui le trouble en l'émerveillant.

— C'est vrai, dit Bernard Revon, que François nous percevait comme des sortes de reporters. Il savait qu'avec nous, il obtiendrait des histoires espiègles ou pittoresques, des anecdotes un peu étonnantes. Nous partions avec nos magnétophones, on faisait des interviews, comme par exemple l'un des détectives privés d'une agence qui nous a donné un tiers de *Baisers volés*.

Entre deux récits de William Irish (*La Mariée* et *La Sirène*), placés sous le signe du cauchemar et du conte de fées tragique, le cinéaste de *Baisers volés* entend bien goûter pour elle-même, à travers une chanson de Charles Trenet (« Que reste-t-il de nos amours ? ») la saveur de l'éphémère.

Il est certain qu'il a besoin d'osciller continuellement entre les deux pôles du pessimisme et de l'optimisme, de la gravité et de la légèreté. Voilà pourquoi il admire autant Georges Simenon et William Irish que Charles Trenet de Ernst Lubitsch.

« De même que Simenon, écrit-il, à travers cinquante années d'écriture, est resté fidèle à sa vocation de Docteur Tant Pis, Charles Trenet est resté fidèle à la sienne de Docteur Tant Mieux, ce qui ne l'empêche pas d'avoir un reflet changeant dans les yeux quand il prononce — rarement, il est vrai — le mot : malheur. »

La vie est une blague, disent les chansons de Charles Trenet, une assez bonne blague. Ne pas s'attarder, ne pas trop s'expliquer, ne pas être pesant ou abusif, donner aux choses leur poids exact, voilà son secret professionnel... Il n'a pas honte d'être un artiste, un amateur, un amateur d'art, un amateur de vie, un rimeur qui ne va pas chercher midi à quatorze heures, un vagabond qui fait — forcément — des bonds.

Dans le dossier de presse de *Baisers volés*, il écrit encore :

« Je pense que c'est Trenet qui a trouvé le plus juste équilibre poétique, qui a su le mieux mêler gravité et légèreté dans la chanson. *Baisers volés* est justement un film qui espère ressembler à une chanson... »

... Et qui y ressemble en effet de par la miraculeuse liberté de ses rebonds et de ses péripéties.

La vie est une blague, qui sait aussi, parfois, vous prendre au piège de son ironie la plus noire.

CI-CONTRE, ANTOINE DOINEL À TOUS LES ÂGES. *CI-DESSOUS*, HARRY MAX ET JEAN-PIERRE LÉAUD DANS *BAISERS VOLÉS*.

CATHERINE DENEUVE,
FRANÇOIS TRUFFAUT.
RACONTER DE FAÇON SIMPLE,
ORDINAIRE, L'HISTOIRE
DE DEUX AMANTS
EXTRAORDINAIRES.

Truffaut a découvert *La sirène du Mississippi* en travaillant l'adaptation de *La Mariée était en noir*, et il s'est pris aussitôt de passion pour cette autre, fabuleuse, histoire d'amour.

« Amour brisé dans *La Mariée*, écrit-il, amour déçu dans *Waltz into darkness (La sirène du Mississippi)* où le héros, ayant cherché la femme idéale en ayant recours aux petites annonces matrimoniales, va trouver en face de lui le contraire de son rêve : une aventurière complice d'un crime. Il sera conduit à l'aimer tout de même car le héros d'Irish ne fait jamais rien à moitié, aucun imprévu ne peut arrêter sa marche vers l'amour et la mort. »

Le sujet est tellement fort, cette fois, que l'inspiration du cinéaste s'en trouve étrangement paralysée. Il écrit seul l'adaptation et les dialogues du film. On peut même imaginer, en voyant *La Sirène*, qu'il s'est laissé gagner, à la manière de son héros, par une sorte d'orgueil obsessionnel. Cette histoire, il veut se la raconter à lui-même dans son implacable continuité, et suivre de la première à la dernière image la marche de Henri Mahé (Jean-Paul Belmondo) vers l'amour et la mort.

□ Enfin, avec ce film, dit-il, j'ai pu réaliser le rêve de tous les cinéastes : tourner dans l'ordre chronologique une histoire chronologique qui représente un itinéraire... Le tournage a débuté dans l'île de la Réunion, s'est poursuivi à Nice, Antibes, Aix-en-Provence, Lyon, pour finir dans la neige près de Grenoble.

On sent qu'il souhaite raconter de façon simple, ordinaire, l'histoire de ces deux amants extraordinaires, et qu'il veut percevoir « ce qui, à travers des épreuves ou des déceptions, amène deux personnes à se rendre indispensables l'une à l'autre ». Mais il a perdu l'innocence qui était la sienne au moment de *Tirez sur le pianiste*, et il n'a pas trouvé encore la souveraine liberté dont il fera preuve dans *La femme d'à côté.*

Cette histoire, comme on dit, « était plus forte que lui ». Il a ressenti le besoin vital d'en exprimer crûment, directement, et presque sans art, la puissance émotionnelle.

Nous reconnaîtrons, prononcées sur la scène par Gérard

Depardieu et Catherine Deneuve dans *Le dernier métro*, les dernières paroles d'amour — les premières en réalité — échangées par Jean-Paul Belmondo et la même Catherine Deneuve dans *La sirène du Mississippi* :

— Je viens à l'amour, Louis, dit-elle. J'ai mal... Est-ce que l'amour fait mal ?

— Ça fait mal... Tu es si belle. Quand je te regarde, c'est une souffrance.

— Pourtant, hier tu disais que c'était une joie ?...

— Oui, c'est une joie et une souffrance aussi.

François Truffaut n'est pas homme à rester sur un échec, fût-ce de son film le plus ambitieux. Aussitôt après *La sirène du Mississippi*, grande production en scope et en couleurs, avec un générique prestigieux, il entreprend *L'Enfant sauvage*, film au budget modeste, en noir et blanc, réalisé pratiquement dans un décor unique.

Il pense depuis 1966 à faire un film de cette histoire, rapportée par Lucien Malson dans sa thèse sur les « enfants sauvages ». Victor de l'Aveyron eut son heure de célébrité en 1798 lorsqu'il fut capturé dans les bois par des paysans. Vivant nu, le corps couvert de cicatrices, se nourrissant par grognements. Laissé pour mort, selon toute vraisemblance, par ses parents à l'âge de trois ans, il avait survécu ainsi miraculeusement jusqu'au jour de sa capture.

« DANS *L'ENFANT SAUVAGE*, J'AI VOULU JOUER LE RÔLE DU DOCTEUR ITARD POUR M'OCCUPER MOI-MÊME DE L'ENFANT. » (F. T.)

Transporté à Paris, l'« enfant sauvage » fut confié sur sa demande au docteur Jean Itard qui, contre l'avis des psychiatres de l'époque, entreprit de l'instruire et y parvint en très grande partie. Écrit par Jean Gruault, à partir des rapports authentiques du docteur Itard, le film raconte les relations du jeune savant et de Victor comme une initiation graduelle aux

valeurs de civilisation : la communication, la compréhension par signes, le sens de la justice et enfin l'affection.

On comprend ce qui a captivé François Truffaut dans un tel sujet. Déjà au moment des *400 coups*, il relatait l'expérience tentée par Frédéric II sur des nouveau-nés confiés à des nourrices, à qui l'on avait recommandé de ne jamais leur adresser la parole. Le souverain voulait savoir quelle langue parleraient ces enfants qui n'en avaient jamais entendu aucune. Or, contrairement à ce qu'il attendait, les enfants ne parlèrent jamais ni l'hébreu ni le grec ni le latin. Ils moururent en bas âge. Les mots et les caresses de leurs nourrices leur étaient donc aussi indispensables que la nourriture.

☐ C'est à l'expérience de l'empereur Frédéric II, disait donc Truffaut en 1959, que nous avons pensé en écrivant le scénario des *400 coups*. Nous avons imaginé quel serait le comportement d'un enfant ayant survécu à un traitement identique, au seuil de sa treizième année.

Victor est donc un frère lointain d'Antoine Doinel. C'est la raison pour laquelle le film est dédié à Jean-Pierre Léaud. Truffaut découvre en même temps que le docteur Itard joue par rapport à Victor un rôle semblable à celui qu'il a joué lui-même, dix ans plus tôt vis-à-vis de Jean-Pierre. Voilà pourquoi il décide d'interpréter lui-même le personnage du savant.

☐ *L'Enfant sauvage* est un film à deux personnages, dit-il. Il m'a semblé que le travail essentiel dans ce film n'était pas de régler la mise en scène, mais de s'occuper de l'enfant. J'ai donc voulu jouer le rôle du docteur Itard pour m'occuper moi-même de l'enfant, pour éviter de passer par un intermédiaire... Du jour où j'ai décidé de jouer Itard, le film a pris pour moi une raison d'être tout à fait complète et définitive.

Pour son dixième film, Truffaut découvre donc en lui-même un nouveau personnage. Jusqu'alors, ses protagonistes masculins ont tous ressemblé, de près ou de loin, au héros type de Nicholas Ray, tel qu'il le décrivait dans son article de 1955 : « Un faible, un homme enfant, lorsqu'il n'est pas simplement un enfant ».

Le docteur Itard, autrement dit Truffaut lui-même, ne peut

plus se permettre aucune faiblesse. Il prend la responsabilité de Victor. Il voit clairement le mal qu'on lui a fait en l'arrachant à son état d'innocence dans la forêt. Il est ému par les escapades du sauvageon vers les arbres et la nuit, par son intimité mystérieuse avec la pluie et la pleine lune. Il poursuit néanmoins avec obstination son travail d'éducateur, et nous voici à notre tour bouleversés par les découvertes progressives de l'« enfant sauvage ».

□ Je crois que la force de cette histoire réside dans la situation, dit Truffaut : cet enfant a grandi à l'écart de la civilisation, si bien que tout ce qu'il fait dans le film, il le fait pour la première fois : quand il accepte de se coucher dans un lit au lieu de se coucher par terre, c'est la première fois ; quand il porte des vêtements, c'est la première fois ; quand il mange à table, c'est la première fois. Il éternue pour la première fois, il pleure pour la première fois... »

Le public de 1970 ne s'y est pas trompé, qui accourt en masse voir ce film réputé austère, et qui lui offre cependant, à travers les confrontations du père adoptif et de l'enfant, le dilemme à l'état pur de nos deux aspirations essentielles : celle de la liberté à l'état sauvage, et celle de la liberté intérieure reconquise à force d'attention, de discipline et de tendresse.

UN ÉQUILIBRE MOUVEMENTÉ.

Dans *Baisers volés*, la vie s'ouvrait largement aux désirs incertains d'Antoine Doinel. Elle se referme à présent sur la chaleur, la tendresse, mais aussi sur les obligations et les difficultés journalières d'un *Domicile conjugal*. Christine est une

1 | 3
2 | 4

LE BONHEUR CONJUGAL (1).
L'ADULTÈRE EXOTIQUE (2).
LE REPROCHE VIVANT (3).
L'EXPLICATION DIFFICILE (4).

HIVER 70. TOURNAGE DE

DOMICILE CONJUGAL.

jeune femme délicieuse, sensée, sensible, qui aide Antoine à ordonner son existence. Il commence à gagner sa vie « normalement » dans une entreprise qui a pignon sur rue. Il s'attaque à la rédaction d'un premier roman. Christine attend un enfant. Antoine la trompe avec une belle japonaise, et puis s'en mord les doigts...

Truffaut se refuse encore pourtant farouchement aux platitudes de la chronique naturaliste.

— François, dit Bernard Revon, ne voulait mettre dans ses films que la vie et vraiment la vie. Ça devait être son côté Rossellini. Et puis en même temps, il ne fallait mettre dans les films que ce qui vous plaisait, vous étonnait, vous charmait, ou vous faisait souffrir.

Truffaut, par exemple, est certainement séduit lorsque Claude de Givray et Bernard Revon, scénaristes de *Domicile conjugal* comme ils l'ont été de *Baisers volés*, lui donnent l'idée de la scène où la Japonaise amoureuse d'Antoine glisse des billets tendres dans les calices de tulipes qu'elle compte lui offrir, mais il résiste devant l'extravagance de la situation.

— C'était cette contradiction qui était étrange chez lui, remarque encore Bernard Revon : il avait la haine du documentaire et en même temps il fallait se renseigner sur tout. Il ne tolérait pas qu'on introduise un élément dans un film qui ne soit pas dûment établi. Au point que pour lui « vendre » la scène des tulipes dans *Domicile conjugal*, j'ai mis ça sur le compte de Jean-Christophe Averty, en prétendant qu'il avait offert des fleurs avec des billets d'amour pliés dans le calice de chaque fleur, ce qui était complètement faux. François a mis trois ou quatre séances de travail à le croire. S'il avait osé, il aurait téléphoné à Averty pour vérifier.

La réussite de *Domicile conjugal* tient à cet équilibre mouvementé, rapide, risqué, continuellement ré-inventé, à ce dialogue même pourrait-on dire, de la vérité vraie et de la fantaisie insolente.

Truffaut adore Ernst Lubitsch pour la façon qu'il a de raconter les histoires par insinuations, raccourcis, passerelles imprévues, fausses pistes, chemins de traverse où le spectateur s'engage de confiance et se laisse immanquablement surprendre au détour de chaque scène.

« Donc, écrit-il, pas de Lubitsch sans public mais, attention, le public n'est pas *en plus* de la création, il est *avec,* il fait partie du film. Dans la bande sonore d'un film de Lubitsch, il y a le dialogue, les bruits, la musique et il y a nos rires, c'est essentiel, sinon il n'y aurait pas de film. Les prodigieuses ellipses de scénario ne fonctionnent que parce que nos rires établissent le pont d'une scène à l'autre. Dans le gruyère Lubitsch, chaque trou est génial. »

En conclusion de sa brillante analyse, Truffaut reconnaît néanmoins :

« J'ai parlé de ce qui s'apprend, j'ai parlé du talent, j'ai parlé de ce qui au fond, éventuellement, peut s'acheter en y mettant le prix, mais ce qui ne s'apprend ni ne s'achète c'est le charme et la malice, ah, le charme malicieux de Lubitsch, voilà ce qui faisait de lui vraiment un Prince. »

Sous les dehors de la chronique intimiste, *Domicile conjugal* nous tient sous le même charme du romanesque, de l'humour, et de la princière aisance dans la conduite de la fiction.

En 1971, François Truffaut approche de sa quarantième année. Il se classe avec une modestie sincère dans cette « famille de réalisateurs pour qui le cinéma est un prolongement de la

VERS LA QUARANTIÈME ANNÉE...

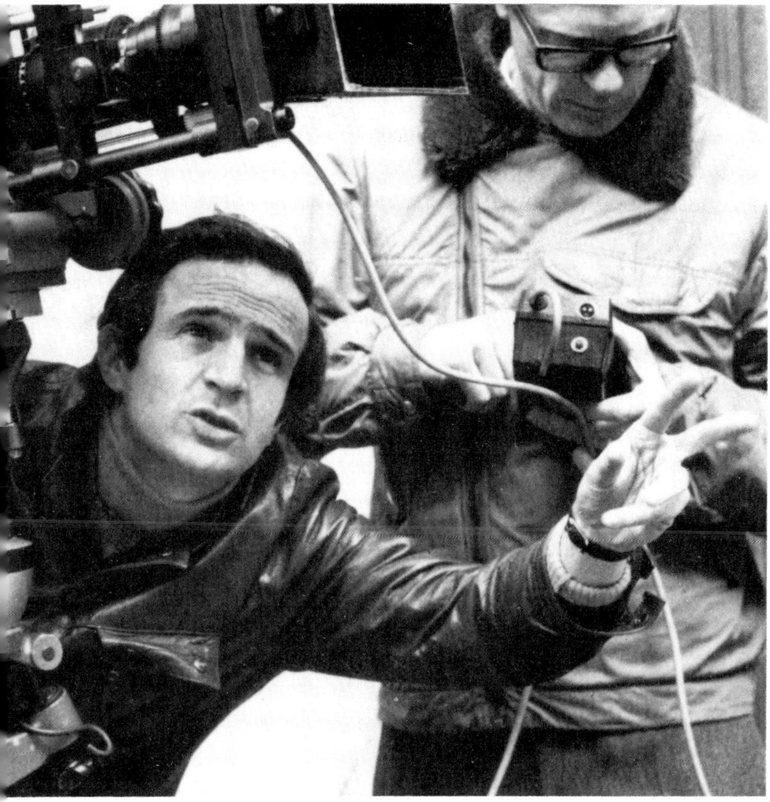

jeunesse, celle des enfants qu'on a envoyés s'amuser dans un coin, qui refont le monde avec des jouets et qui continuent ces jeux à l'âge adulte à travers des films».

Il a besoin de penser qu'il joue pour se lancer à cœur perdu dans des entreprises follement ambitieuses, l'adaptation, par exemple, du deuxième et dernier roman de Henri-Pierre Roché : *Deux Anglaises et le continent*, voilà longtemps qu'il y pense. Il a commandé, deux ans plus tôt, un scénario à Jean Gruault, qui lui a remis un manuscrit de cinq cents pages.

— Il m'avait fourni le journal intime de Henri-Pierre Roché, raconte Jean Gruault, il y avait une masse énorme de documents et j'avais mis tout ce qui m'avait paru intéressant. Un jour, il me convoque et me dit : « Voilà, tu as quinze jours. Il faut que tu me réduises tout ça. » Je lui ai fait une première réduction et il a très vite tout mis en chantier. Il a eu une brusque envie de faire ce film. Il a eu des problèmes personnels qu'il a résolus en se plongeant dans les *Deux Anglaises*. Ce pourquoi, sans doute, c'est un film très inspiré.

« UNE VRAIE VIOLENCE DES SENTIMENTS. »

Une fois de plus chez Truffaut l'inspiration se traduit, et se trahit, par une précipitation qui lui permet d'éluder ses propres objections. Précipitation intrépide, nullement hâtive, par peur des temps morts, par goût des temps vifs, afin de dire au plus vite les vérités les plus surprenantes et les plus aiguës.

C'est lui, à coup sûr, qui a rédigé le résumé des *Deux Anglaises* publié sans signature dans le dossier de presse du film :

«En 1899 Anne, dix-neuf ans, Anglaise, brune, sensible, décidée, sculpte à Paris et rencontre Claude, dix-neuf ans,

Français, Sciences Po, idéaliste. Elle le fiance en pensée à sa sœur, Muriel, vingt ans, puritaine, rousse, championne ès lettres, ès sciences, ès sports, et elle le lui amène.

Ils forment un trio audacieux et franc. Ils voyagent, se montrent leurs pays. Ils se réjouissent des gens, des animaux, des choses et des livres. Deux ans coulent comme un conte de fées... »

Sur l'écran nous retrouvons cette audace, cette ardeur et cette fulguration du trait, cette précipitation aussi qui évite la lourdeur explicative des transitions. Les sentiments vont plus vite que les justifications, et les flèches de l'amour vont plus vite que les jugements que nous pourrions porter sur les attitudes de Claude, d'Anne et de Muriel.

C'est au point que le cinéaste se laisse prendre lui-même de vitesse par la lecture de son propre film.

Voici ce que dit Truffaut à la sortie des *Deux Anglaises* en 1971.

□ La question la plus embarrassante de toutes celles que l'on pose généralement à un metteur en scène qui vient de terminer un film est : « Qu'est-ce que vous avez voulu faire ? » En ce qui concerne les *Deux Anglaises,* la réponse m'est venue soudainement pendant les travaux de mixage. À force de voir défiler la pellicule à l'endroit et à l'envers, j'ai compris qu'avec ce film j'avais voulu presser l'amour comme un citron... Il existe parfois en amour une vraie violence des sentiments, c'est elle que j'ai voulu filmer. Je ne parle pas seulement des étreintes que j'ai tenté de traiter avec objectivité et crudité, sans musique, mais aussi des aveux, des confessions, des ruptures, qui peuvent conduire les personnages jusqu'au vomissement ou à l'évanouissement. Pour résumer cette tentative en une phrase, j'ai essayé de faire non pas un film d'amour physique, mais un film physique sur l'amour.

On comprend dès lors qu'il se soit jeté à corps perdu — comme à cœur éperdu — dans l'entreprise des *Deux Anglaises.* Il lui fallait se montrer digne de ses personnages, dont la noblesse tient à la façon qu'ils ont de se connaître — et de se re-connaître — dans la force d'un élan, dans la souplesse d'un retrait, dans la

FRANÇOIS TRUFFAUT ET SES INTERPRÈTES DE *DEUX ANGLAISES ET LE CONTINENT*. CLAUDE : J.-P. LÉAUD. ANNE : KIKA MARKHAM. MURIEL : STACEY TENDETER. « UN TRIO AUDACIEUX ET FRANC. »

difficulté d'un aveu, dans l'étrangeté d'un retour de passion, dans l'humble nécessité d'un sacrifice. Les intermittences du cœur sont ici mises à nu en ce qu'elles ont de plus arbitraire et de plus impérieux.

□ Henri-Pierre Roché, remarque Truffaut, a composé son roman entre 1954 et 1957, en utilisant ses agendas des années 1900 à 1920 ainsi que des lettres et des journaux intimes. Il s'agissait donc d'un matériel littéraire mais réel, vécu, éprouvé et ressenti.

Il s'agissait en conséquence pour Truffaut lui-même de livrer à la sèche cruauté incontestable des dates relevées sur un agenda les sentiments d'Anne, de Claude et de Muriel. Nous voyons donc Claude vouer à Muriel une passion trop pure et trop absolue pour n'être pas vaincue par la séparation et la fuite des années. Nous voyons, plus tard, Anne et Claude se rapprocher sensuellement et tenter de vivre les modernes libertés de l'amour. Nous voyons soudain Muriel revenir vers Claude avec une ferveur qu'il partage à nouveau. Nous voyons surtout le jeu des sincérités successives et des entêtements sans recours composer sous nos yeux une fresque d'une inoubliable richesse.

Jamais Truffaut ne nous aura laissés entrer à ce point dans l'intimité de ses propres incertitudes et de ses propres aspirations. Ce « film physique sur l'amour » agit en nous comme une suite de révélations contradictoires et d'autant plus poignantes sur le caractère sacré de la célébration amoureuse.

Le choc en retour ne se fait pas attendre. Après ce film follement grave, Truffaut éprouve le besoin de réaliser une comédie follement drôle, où il se moquera délibérément de lui-même. Atteint sans doute plus qu'il ne le dit par l'insuccès des *Deux Anglaises*, il se reproche d'avoir cédé naïvement et peut-être complaisamment au romantisme de son sujet. Il prend donc le parti rigoureusement inverse en choisissant comme protagoniste de *Une belle fille comme moi* un jeune sociologue naïf et emprunté (André Dussolier), qui se laisse berner au-delà du possible par une prodigieuse luronne (Bernadette Lafont) dépourvue de tout sens moral.

□ Le film a été vu comme méprisant, dit-il à Dominique Maillet en 1975, c'est une erreur, car on ne se méprise pas soi-même. Le film a été fait *contre moi*, c'est cela qui n'a pas été compris. Le film est ambigu dans le sens où il est secrètement — mais pas moins — autobiographique que mes autres films. Dans *Une belle fille comme moi*, je *suis* les deux personnages : Camille Bliss et Stanislas, le sociologue. Je me moque de quelqu'un qui s'obstine à voir la vie d'une façon romantique. Je donne raison à la fille, qui est une espèce de voyou, qui a appris à se méfier de tout le monde et à lutter pour survivre. Je les oppose l'un à l'autre, mais je les aime tous les deux… J'ai simplement donné à Dussolier mes réactions. C'est un personnage qui m'émeut, mais il doit prendre une bonne leçon de vie, parce qu'il ne voit pas les choses sous un angle assez concret.

« LE CINÉMA RÈGNE. »

Réalisé à contre-tempérament, mais pas à contrecœur, *Une belle fille comme moi* ne parvient pas plus à retenir l'attention du grand public que les *Deux Anglaises* l'année précédente. Il y a quelque chose de curieusement symétrique entre les deux échecs. Emporté par sa trop grande sincérité dans le premier cas, et par sa violence ironique dans le second, Truffaut a décontenancé les spectateurs. Toujours est-il que la comparaison entre les deux films donne aujourd'hui raison — de très loin — au romantisme des *Deux Anglaises* contre la bouffonnerie souvent arbitraire de la *Belle fille*.

Ayant circulé ainsi aux extrémités de lui-même, parmi les orages du désir et de l'amour, Truffaut se doit de revenir à la seule réalité stable de son existence, qui est le cinéma.

Depuis les années 50, sa passion s'est fortifiée et clarifiée tout en s'élargissant. Il souhaite désormais, le plus simplement du monde, « prendre le spectateur par la main, depuis le générique jusqu'à la dernière image », et il sait à quel point c'est difficile.

☐ Idéalement, me dira-t-il en 1978, le spectateur devrait regarder le film la bouche ouverte dans une sorte d'étonnement muet. Comme tout le monde en France, j'étais sceptique sur l'idée du *pop corn* dans les cinémas. Et lors de mes voyages en Amérique j'ai été très séduit. Les spectateurs achètent un grand cornet avant d'entrer dans la salle, et la vendeuse verse sur le *pop corn* du beurre fondu, ce qui d'ailleurs évite le bruit. Et ce cornet dure à peu près le temps du film. Ils regardent le film la bouche ouverte, et littéralement, le film les nourrit. Moi qui déteste les restaurants, les repas longs, l'attente entre les plats, parce que j'ai toujours vu ça comme une concurrence au cinéma, comme une perte de temps énorme — j'ai eu des crises de nerfs au restaurant, des ruptures sentimentales même ! — eh bien, je me dis que ces jeunes américains qui ont aimé le cinéma ont été nourris par les films, c'est merveilleux...

JACQUELINE BISSET ET FRANÇOIS TRUFFAUT DANS *LA NUIT AMÉRICAINE*. « NE VIVRE QUE POUR LE CINÉMA... »

Le sujet de *La nuit américaine* se prête mieux qu'aucun autre à ce désir de captiver le spectateur tout en l'émerveillant. Car personne, mieux que François Truffaut, ne pouvait rendre à ce point magiques les mille et une péripéties drôles ou poignantes qui émaillent immanquablement le tournage d'un film. Lorsqu'un petit chat, par exemple, refuse de traverser le champ pour aller boire du lait dans une tasse, lorsqu'une superbe actrice italienne perd soudain tous ses moyens devant la caméra, lorsque les ennuis sentimentaux du jeune premier mettent le film

en danger, lorsqu'un accident d'automobile tue l'un des acteurs principaux...

« Mieux encore, écrit Jean Collet : les instants les plus émouvants de *La nuit américaine* sont ceux où le montage fait défiler la succession monotone, mécanique des « claps », le passage des « rushes » sur la table de montage, avec les répétitions qui n'en finissent pas. Au lieu de nous lasser de cette accumulation d'essais, au lieu de guetter la réussite, nous nous laissons emporter par le rythme pur, le rythme et le rite, la célébration et son mystère. Le temps du travail devient fête. La musique de Georges Delerue jaillit de ces morceaux de films comme le feu entre deux bouts de bois. C'est une musique triomphale pleine de jubilation et d'euphorie. »

Si François Truffaut a choisi d'incarner lui-même le personnage du metteur en scène dans *La nuit américaine,* c'est pour donner tout leur poids à certaines répliques, qui sonnent comme des professions de foi :

□ Ne fais pas l'idiot, Alphonse, dit-il au jeune premier, incarné comme il se doit par Jean-Pierre Léaud. Tu es un très bon acteur, le travail marche bien. Je sais, il y a la vie privée. Mais la vie privée, elle est boiteuse pour tout le monde. Les films sont plus harmonieux que la vie, Alphonse. Il n'y a pas d'embouteillage dans les films. Il n'y a pas de temps morts. Les films avancent comme des trains, tu comprends, comme des trains la nuit. Les gens comme toi, comme moi, tu le sais bien, on est fait pour être heureux dans le travail, dans notre travail de cinéma. Salut, Alphonse, je compte sur toi.

« Le cinéma règne », a-t-il dit quelques scènes auparavant pour se convaincre lui-même de la supériorité de la fiction sur la vie... Mais il est le premier à savoir que la fiction ne peut se nourrir que de vérité vivante.

Voilà pourquoi il a choisi comme scénariste de *La nuit américaine* son ami Jean-Louis Richard qui est, lui, un partisan résolu de la vie.

— C'était une différence entre nous, qui faisait qu'on s'admirait réciproquement, dit Jean-Louis Richard. Je l'admirais de ne vivre que pour le cinéma. Et lui me demandait des conseils en me disant : « Mais moi je ne sais pas vivre comme vous, vous savez. Dites-moi comment il faut faire. »

« Dites-moi comment il faut faire », pourrait demander elle aussi Adèle H., ou bien Julien Davenne le héros de *La chambre verte*, ou bien Bertrand Morane, « l'homme qui aimait les femmes », ou bien encore les deux amants de *La femme d'à côté*. Aucun de ces personnages ne sait vivre en dehors de l'obsession qui le conduit. Ce sont tous d'irréductibles solitaires.

□ En réalité, me dira Truffaut en 1980, je suis sensible à la solitude. Il y a même des films qui ne me plaisent qu'à moitié parce que le personnage n'est pas assez seul. C'est le cas du *Pickpocket* de Bresson, que j'aurais aimé davantage si Martin Lassalle n'avait pas eu de confident, de façon à être moi seul avec lui. J'ai une théorie, je ne sais pas si elle est bonne, qui est que l'ami du héros doit être le spectateur.

UNE SORTE D'ENFANT SAUVAGE.

L'histoire d'Adèle H. est l'illustration parfaite, non pas de cette théorie, mais de ce désir. Truffaut, premier spectateur de cette tragique aventure, se veut aussi concentré que son héroïne est obstinée. « Est-ce qu'on peut arriver à faire un film entièrement sur un visage ? » s'est-il demandé. « Est-ce qu'on peut raconter une histoire d'amour où le partenaire ne compte pas ? »

Adèle Hugo, la fille exaltée du grand écrivain, traverse l'Atlantique, elle abdique toute fierté, elle use de tous les moyens en son faible pouvoir pour se faire aimer d'un jeune officier anglais, le lieutenant Pinson, qu'elle a rencontré à Guernesey, à qui elle s'est donnée corps et âme, et qui l'a quittée sans recours.

ISABELLE ADJANI INCARNE ADÈLE HUGO AVEC AUTANT D'INTELLIGENCE QUE D'INSTINCT.

□ C'est une histoire réelle transformée en fiction, dit Truffaut, mais trouvant une partie de son intérêt dans le fait qu'elle est réelle.

Comme pour *L'Enfant sauvage* et pour les *Deux Anglaises,* Jean Gruault et François Truffaut travaillent à partir d'un matériau authentique, le journal intime d'Adèle Hugo et sa biographie retracée par une universitaire américaine.

Mais c'est dans la mesure même où la vérité dépasse la fiction en intensité et en folie qu'elle passionne François Truffaut. Il n'aurait jamais eu l'audace d'imaginer pour sa part la scène où Adèle se rend chez le futur beau-père du lieutenant Pinson en prétendant qu'elle est sa femme et qu'elle attend un enfant de lui. Il n'aurait jamais pu concevoir le moment terrible où elle tend dérisoirement un billet de banque au lieutenant, comme si elle voulait acheter son amour.

Il se défend en vain contre sa propre émotivité :

□ Il y a des choses que je voudrais liquider une fois pour toutes et que je ne liquide pas, confie-t-il à Dominique Maillet en 1975. Quand je faisais les *Deux Anglaises,* je pensais sincèrement que c'était la dernière fois que je montrais une femme poussant des portes, une lampe à pétrole à la main, tout ce monde des sentiments montré comme une messe. Or dans *L'Histoire d'Adèle H.*, j'ai été encore plus loin. Dans ce sens c'est un film qui a été tourné avec culpabilité. Cela m'ennuie quand même de ne pas réussir à montrer l'amour autrement que d'une façon religieuse...

Mais il n'y peut rien. La culpabilité même redouble son désir de demeurer rivé aux regards et aux pas de son héroïne. Il veut un film qui soit tout d'une ligne, d'un seul mouvement, d'une seule logique insensée. Il supprime de son scénario tout ce qui pourrait l'écarter de l'irréductible tension de cet impossible amour.

□ J'ai donc repris *L'histoire d'Adèle H.*, dit-il, en coupant ce qui était extérieur à Adèle. Je ne voulais plus entendre parler du soleil dans un film d'époque, ni du ciel. Le film Adèle est devenu de plus en plus serré, claustrophobique, l'histoire d'un visage...

Le cinéma, surtout depuis qu'il est en couleurs, se perd dans la diversité et la variété. Je suis d'accord avec Bresson : il faut concentrer le plus possible. Il faut fuir le pittoresque... diminuer le nombre d'endroits, le nombre de personnages, en essayant de créer davantage une émotion par l'unité.

Il ne s'est pas trompé en choisissant Isabelle Adjani pour incarner Adèle, alors qu'il avait pensé initialement à une comédienne plus âgée et moins connue. Avec autant d'intelligence que d'instinct, la jeune actrice a compris, dans les regards du metteur en scène beaucoup plus que dans ses indications, ce qu'il attendait d'elle vraiment.

— Il était surpris, dit-elle, d'être arrivé à un seul personnage qui, pourtant, irradiait une zone d'amour extraordinaire, d'une grande violence...

Une sorte d'« enfant sauvage », au fond, aussi emmurée dans sa détresse que Victor de l'Aveyron dans l'espace étroit d'une maison civilisée.

Truffaut sent bien après ce film qu'il n'en finira jamais avec l'enfance, parce qu'il n'en finit pas de s'interroger sur sa propre enfance.

Avec *L'argent de poche*, il se propose de raconter une histoire qui en contiendra mille autres possibles, exactement comme on « contient » une émotion trop riche.

« Plus de deux cents visages d'enfants traversent cette histoire, écrit-il : une classe de trente-cinq élèves, une classe de vingt-cinq élèves, une crèche de quarante bébés, enfin une colonie de vacances avec soixante garçons et autant de filles ! »

Il veut saisir « l'esprit d'enfance » dans ses manifestations les plus diverses, au sein de tous les milieux sociaux, à tous les âges, depuis la naissance jusqu'au seuil de l'adolescence. Il adopte à nouveau le principe des récits entrecroisés qui lui a si bien réussi dans *Baisers volés* et dans *La nuit américaine*. À aucun moment on ne ressent le film comme une suite de sketches juxtaposés. C'est plutôt de composition musicale qu'il faudrait parler, avec chœur et solistes jouant chacun leur partie à point nommé.

L'heureux climat d'une petite ville apparemment sans histoire lui permet de faire valoir le charme de menus événements qui sont autant de moments privilégiés, dont les stars sont des enfants. D'emblée le film est placé sous le signe du miracle, puisque le petit Grégory (deux ans et demi) tombe de plusieurs étages sans se faire le moindre mal. Le mouvement imprévisible des enfants nous conduit ainsi d'un endroit à l'autre, salles de classe, cour de récréation, boutiques de commerçants, cinéma, fête foraine, escaliers, appartements, où — comme dans notre vie même — nous surprenons au passage des confidences, des réflexions, des drames résolus, des drames cachés, ou bien d'autres encore à venir. Avec une suprême distinction et une bienveillance sans défaut à l'égard de tous, Truffaut se contente de ce que les personnages, enfants ou adultes, veulent bien révéler de leur vie, de leurs espoirs et de leurs craintes. Nous ne saurons jamais dans quelles circonstances M. Desmouceaux, le père du charmant Patrick, s'est trouvé réduit à la condition de handicapé sur une chaise roulante, ni comment sa femme a disparu. Nous ne pénétrerons jamais dans l'abominable repaire où deux horribles femmes, une mère et une grand-mère à demi-sorcières à demi-clochardes, ont martyrisé pendant des années le petit Julien Leclou, qui ne s'est jamais plaint.

□ Ça ne me choque pas, dit Truffaut, que peu à peu deux personnages se détachent, auxquels on s'intéresse plus qu'aux

L'argent de poche. « PLUS DE DEUX CENTS VISAGES D'ENFANTS TRAVERSENT CETTE HISTOIRE. »

autres : c'est effectivement Patrick et Julien. Disons que, si les autres ont deux ou trois scènes, dont une qui est importante, eux peu à peu deviennent très importants, ils deviennent deux fils à suivre. Ils ne s'opposent pas à la manière de Jean-qui-pleure et Jean-qui-rit, mais il y a quand même deux caractères. Surtout physiquement, ils se complétaient tellement bien...

Il est certain que François Truffaut reconnaît quelque chose de lui-même dans le timide et délicieux Patrick offrant des roses rouges à la mère d'un camarade en signe d'« amour ardent », et qu'il comprend tout autant, sinon mieux, le caractère ombrageux, sournois, et follement orgueilleux de Julien Leclou.

Chacun de ses films marque à cet égard une nouvelle étape de sa recherche personnelle. Patrick, Julien, Antoine Doinel, Adèle Hugo, l'enfant sauvage, n'existeraient pas à ce point sur l'écran s'ils ne lui tendaient, chacun ou chacune à sa façon, un miroir dénué de toute complaisance. Tous ces personnages sont conduits par la même logique d'enfance ou d'obstination, qui aurait déterminé son propre destin qu'il n'avait été cinéaste. Les ayant créés, il devient leur père, leur mère, et il est donc en droit de parler en leur nom. Autrement dit, ayant su « se les représenter », il peut les représenter et les défendre à visage découvert dans son propre film.

Il ne faut donc pas s'étonner de découvrir une étroite coïncidence entre les propos tenus sur l'enfance mal aimée par l'instituteur de *L'argent de poche* et ceux que Aline Desjardins a recueillis quelques années plus tôt lors de son long entretien avec François Truffaut.

□ Vous voyez, lui avait-il dit, c'est très difficile de me faire compatir aux histoires d'adultes, parce que je me dis toujours que les adultes peuvent passer une frontière, ils peuvent peut-être changer de pays. Vraiment, je compatis aux malheurs des enfants car, avant quatorze ans, on subit sans pouvoir rien faire... Un enfant malheureux reste chez lui, il ne peut pas s'en aller.

Il est clair que François Truffaut n'en finit pas d'exorciser les démons de sa propre vie par les moyens de son art. Si le « cinéma règne » à ce point dans son esprit, c'est parce qu'il lui doit beaucoup. En réalisant des films, il « s'est réalisé » lui-même. En empruntant les chemins de la vérité et ceux de la liberté, il s'est ouvert la voie royale de la lucidité. L'aisance créatrice, dont ses films suivants nous apportent la preuve, était sans doute à ce prix.

UNE SEULE GRANDE IDEE

On connaît la devise malicieuse de François Truffaut : « Les femmes et les enfants d'abord. »

Après les enfants de *L'argent de poche*, voici donc, tout à fait logiquement, *L'homme qui aimait les femmes*, un personnage auquel Truffaut se défend de ressembler :

« Bien que le personnage soit très loin de vous (et de moi), écrit-il à Charles Denner le 29 mars 1977, je mentionne dans chaque interview le fait que nous avons déjeuné ensemble il y a dix-huit mois, que je vous ai soumis le principe du film qui a donc ensuite été écrit spécialement pour vous. »

Un autre texte de François Truffaut, sans rapport direct avec le film, puisqu'il est consacré à Jacques Audiberti et qu'il date de 1961, nous renseigne pourtant exactement sur la passion exclusive qui anime Bertrand Morane, le héros de *L'homme qui aimait les femmes :*

« Avec sa bobine couturée de vieux loup de mer en vacances, Jacques Audiberti est un colosse antibois, beau et puissant comme ses livres, lesquels posent inlassablement la même question : pourquoi les femmes ne nous désirent-elles pas comme nous les désirons, a priori, systématiquement, physiquement et abstraitement et toujours pour ce qu'elles sont : les bossues pour leur bosse, les bourgeoises pour leur chapeau, les putains pour leurs genoux, les prudes pour leur vertu, les grasses pour leurs bourrelets et les maigres pour leurs os ?

Un regard dans la rue devrait suffire à les convaincre que l'on veut seulement et sans attendre envahir leur existence... »

François Truffaut filme donc les femmes comme son ami Audiberti aurait souhaité qu'il le fît, et il souffle à son héros une phrase qu'Audiberti aurait pu signer : « Les jambes des femmes sont des compas qui arpentent le globe terrestre en tous sens lui donnant son équilibre et son harmonie. »

Bertrand Morane ne correspond pas cependant à l'image habituelle du « cavaleur » ou du « Don Juan ». Nous serions bien empêchés de relever dans les attitudes de Charles Denner la moindre trace de grivoiserie. Bertrand Morane sacrifie à sa passion des femmes l'essentiel de ses loisirs, exactement comme Truffaut sacrifie au cinéma l'essentiel de sa vie. Le lyrisme dans les deux cas est soutenu par l'acuité sans faille du regard. Morane est capable de décrire par le menu « la robe en soie vert pâle, le décolleté rond autour du cou, les franges aux manches et tout autour des genoux, le mouvement de la marche, le mouvement de la robe » d'une jeune femme qu'il a aperçue quelques secondes seulement dans une blanchisserie.

Cette précision même est une arme de séduction. Elle purifie ses convoitises en les authentifiant. Comment résister à un homme aussi sincère, et aussi net, dans l'expression de son désir ?

Le charme du film tient au paradoxe de cet appétit de séduction, qui isole le héros dans le cercle quasi mystique des faims inapaisées. Bertrand Morane est conduit par une seule grande idée, comme d'autres sont conduits par un idéal.

Une seule grande idée…

Cette fois nous y sommes. Souvenez-vous du texte écrit par François Truffaut en 1958 :

« Les jeunes cinéastes doivent tourner des films follement rapides, où les personnages sont pressés, où les plans se bousculent pour arriver chacun avant l'autre au mot fin, des films pleins de petites idées. Plus tard les petites idées disparaîtront au profit d'une *seule grande idée.* »

Dix-neuf ans ont passé. Les fameux « trains dans la nuit » ne sont plus alimentés que par l'énergie d'un seul thème majeur : l'amour du cinéma *(La nuit américaine),* la souffrance d'une amoureuse *(L'histoire d'Adèle H.),* l'esprit d'enfance *(L'argent de poche),* l'héroïsme singulier d'un homme qui a voué sa vie à la conquête charnelle et à la compagnie des femmes.

Bertrand Morane demeure un « homme-enfant » souvent dominé par le caractère altier de ses interlocutrices. Mais ce n'est pas le pouvoir sur elles qu'il entend exercer. Exactement comme Truffaut, il accomplit — loyalement, méthodiquement — un travail intérieur qui devrait lui permettre d'élucider et peut-être de maîtriser son propre destin. Lui aussi remonte loin dans son passé, vers son enfance et vers la blessure d'un premier amour déçu. Nous découvrons avec lui les sources de sa conduite obsessionnelle. Il écrit un livre qui sera publié. Il séduit au passage la merveilleuse jeune femme qui a su si bien plaider sa cause auprès de l'éditeur. Un autre avenir s'ouvre peut-être devant lui, mais il se fait renverser par une voiture en courant vers une nouvelle silhouette de femme entr'aperçue sur le trottoir d'en face.

□ C'était inévitable, explique Truffaut. Je travaillais sur quelque chose de mythique. Il faut respecter la loi du mythe. La scène de la mort de Morane, dans la clinique, regardant les jambes des infirmières, était déjà racontée par le personnage de Daniel Boulanger dans *Tirez sur le pianiste,* évoquant dans une voiture la mort de son père. Elle a été ici visualisée. Sa mort n'est évidemment pas une punition. C'est une question de logique, comme la mort du père Grandet : on vient de lui donner

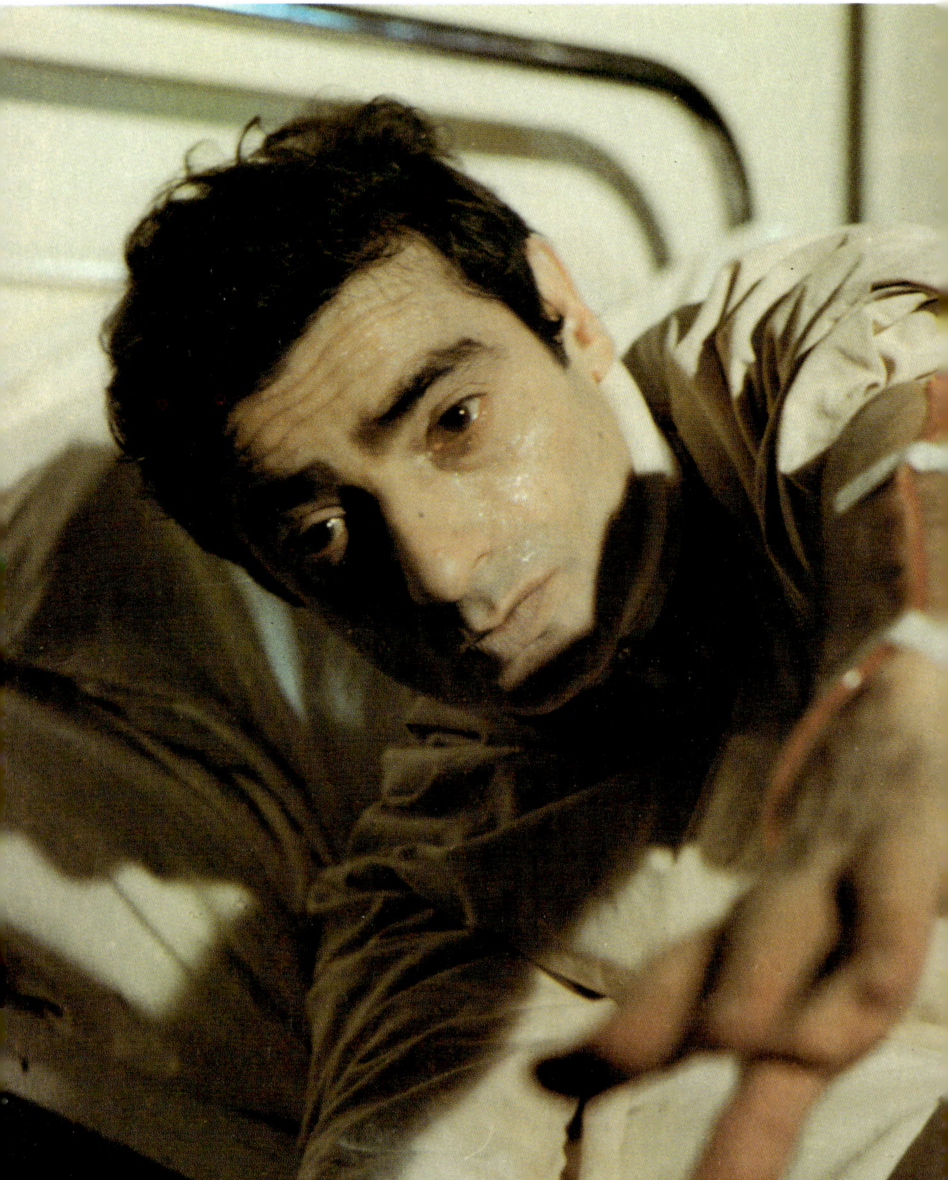

BERTRAND MORANE (CHARLES DENNER) AIME LES FEMMES COMME LE PÈRE GRANDET AIME L'ARGENT, JUSQU'À EN MOURIR.

l'extrême-onction, il voit le crucifix, c'est de l'or, ça brille, il veut le saisir et meurt...

La même logique, au service d'une tout autre passion, entraîne le Julien Davenne de *La chambre verte* vers les mêmes extrémités.

Cette fois encore, Truffaut incarne le personnage principal parce qu'il ne peut vraiment pas faire autrement. Comme Julien Davenne, il s'est toujours refusé à l'oubli des personnes mortes, aimées ou seulement admirées : André Bazin, Henri-Pierre Roché, Max Ophüls, Jean Cocteau, Jacques Becker, Françoise Dorléac, Jacques Audiberti, Bobby Lapointe...

« Chaque année, écrit-il, il nous faut rayer des noms sur le carnet d'adresses de notre agenda, et il arrive un moment où nous connaissons plus de morts que de vivants... »

LE PROVISOIRE ET LE DÉFINITIF.

Les péripéties de *La Chambre verte* tournent autour de ces questions : « Faut-il oublier les morts ? » « A-t-on le droit de "refaire" sa vie ? » « Que se passerait-il si, indifférents à l'usure du temps, nous restions attachés aux morts par des sentiments aussi violents que ceux qui nous lient aux vivants ? »

Truffaut se pose vraiment la question, qui est certainement, de son propre aveu, la question centrale de son œuvre : celle du provisoire et du définitif, du relatif et de l'absolu :

□ L'oubli progressif correspond à la loi de la vie, dit Truffaut à Claude-Marie Trémois. Quelqu'un qui éprouverait pour un mort, dix ans après sa disparition, des sentiments de la même violence serait en danger. Mais tout ce qui est du domaine affectif réclame l'absolu. L'enfant veut sa mère pour la vie, les amoureux veulent s'aimer pour la vie. Tout en nous appelle le définitif, alors que la vie nous enseigne le provisoire... À mesure qu'on s'avance dans le temps, ça nous arrange d'oublier nos morts. Car en les oubliant, c'est notre propre mort que nous oublions... Oui, le véritable déchirement il est là, dans cette nécessité pour survivre d'accepter le provisoire.

Julien Davenne ne manifeste pourtant aucun déchirement visible. Il semble possédé par sa passion absolue des morts. Il aime, comme au premier jour, sa jeune femme disparue très tôt après leur mariage. Lorsqu'il rencontre Cécilia Mandel (Nathalie Baye), il noue avec elle une amitié qui se veut essentiellement spirituelle. Mais le destin s'ingénie, avec une féroce ironie, à briser ce lien.

« En effet, dit le dossier de presse probablement rédigé par Truffaut lui-même, Julien Davenne aime tous les morts *sauf un*, Paul Massigny, qui lui a causé jadis un tort irréparable. De son côté, Cécilia Mandel aime aussi les morts, mais *surtout un*, Paul Massigny, qui l'a fait souffrir mais qu'elle a aimé passionnément. »

La rupture avec Cécilia atteint Julien bien plus qu'il ne se l'avoue. Rendu à sa solitude, il ne tient plus à la vie que par les dernières flammes de sa passion qui achèvent de la consumer.

La chambre verte est un film admirable de tenue, de tension et de style. En le réalisant en octobre 1977, François Truffaut ignore qu'il n'a plus guère que sept ans à vivre, mais tout se passe comme s'il était habité par un obscur pressentiment, comme si décidément la part autobiographique de son œuvre devait à présent s'étendre du passé vers l'avenir, comme si rien des événements de sa vie ne pouvait échapper à son œil de cinéaste, même pas les instants de sa propre mort.

Nous le verrons plus tard s'interroger à haute voix devant la caméra de José-Maria Berzosa dans une émission de l'INA intitulée *La leçon de cinéma,* à propos de cette lignée de films qu'il qualifie lui-même de « liturgiques » :

□ Ce sont des films curieux, dira-t-il. Je ne sais pas s'ils correspondent à ma vraie manière, puisque ma vraie manière c'est peut-être la comédie dramatique comme *La nuit américaine* ou les Doinel : On a une chose cruelle, une chose

FRANÇOIS TRUFFAUT DANS *LA CHAMBRE VERTE*. UNE VRAIE SOUFFRANCE TEINTÉE D'HUMOUR NOIR.

drôle, une chose amusante, une chose triste... Tandis que dans ces films en principe, comme les *Deux Anglaises, Adèle H*. ou *La chambre verte,* on ne demande pas au public de rire. S'il rit, normalement, c'est contre le film. Et pourtant je crois qu'ils sont imprégnés d'une sorte d'humour noir... Je ne sais plus quel spectateur je souhaite pour ces films-là. Je souhaite un spectateur complice, qui aime le film, mais je souhaite aussi, qu'au fond de lui, il sourît par moments...

Ce sourire intérieur est très exactement celui qui nous vient

aujourd'hui lorsque nous pensons à François Truffaut, malgré l'immense déchirement que représente pour nous sa perte.

Tout se passe encore, après *La chambre verte*, comme s'il voulait mettre son œuvre en ordre. Les précédents films de la série Doinel se sont terminés sur une fin maintenue ouverte, mi-mélancolique, mi-souriante, mi-inquiète, mi-optimiste. Cette fois il veut clore rigoureusement le cycle en se servant des scènes des anciens films comme autant de retours-arrière absolument probants. Aucun cinéaste avant lui n'a eu la chance de filmer le même acteur incarnant le même personnage à l'âge de 13, 16, 23, 25 et 33 ans en 1978. Il est donc très tentant de mettre Antoine Doinel à l'épreuve de ses souvenirs et de témoins

NATHALIE BAYE,
FRANÇOIS TRUFFAUT
DANS *LA CHAMBRE VERTE*.

réapparus : Colette (Marie-France Pisier), le grand amour de sa seizième année, mais aussi M. Lucien (Julien Bertheau), qui fut l'amant de sa mère et qui parle d'elle avec des larmes dans les yeux, sans oublier la douce Christine (Claude Jade), qui a beaucoup changé elle aussi depuis *Baisers volés*.

Il s'agit vraiment pour Antoine d'une épreuve qui tourne souvent au procès :

— Plus je te regarde, lui dit ingénument M. Lucien, et plus je trouve que tu ressembles à ta mère.

— Vous avez vraiment une drôle d'idée du couple, lui lance Colette. On a l'impression que seul le moment des rencontres vous intéresse, que pour vous l'aventure de la vie s'arrête dès que deux personnes sont réunies.

Liliane, qui fut sa maîtresse pendant une brève période, le définit en quelques mots :

— Il a besoin d'une femme, d'une maîtresse, d'une petite sœur, d'une nourrice, d'une infirmière, et moi je me sens incapable de jouer tous ces rôles à la fois !

Sabine (Dorothée), sa nouvelle et dernière passion, se montre encore plus nette :

— Il ne faut pas pousser les autres au désespoir quand on s'arrange soi-même avec la réalité, et puis il ne faut pas faire semblant de détester la vie quand on tient à elle.

Truffaut lui-même, dans ses interviews, n'épargne pas son personnage :

□ Dans le cas d'Antoine Doinel, ses mensonges m'intéressent beaucoup. Il a l'air tellement sincère quand il ment, qu'on a l'impression qu'il est la première victime de ses mensonges. Je n'ai jamais vu quelqu'un montrer autant de bonne foi dans le mensonge. Antoine Doinel a le désir d'être heureux et une sorte d'impossibilité à préserver le bonheur quand il le trouve, ou quelque chose qui y ressemblerait. C'est un homme en fuite. C'est un peu l'homme pressé, aussi, toujours projeté en avant.

Moyennant quoi, François permet à Antoine de s'en sortir cette fois encore en lui accordant précisément le bénéfice du charme et de l'obstination désarmante :

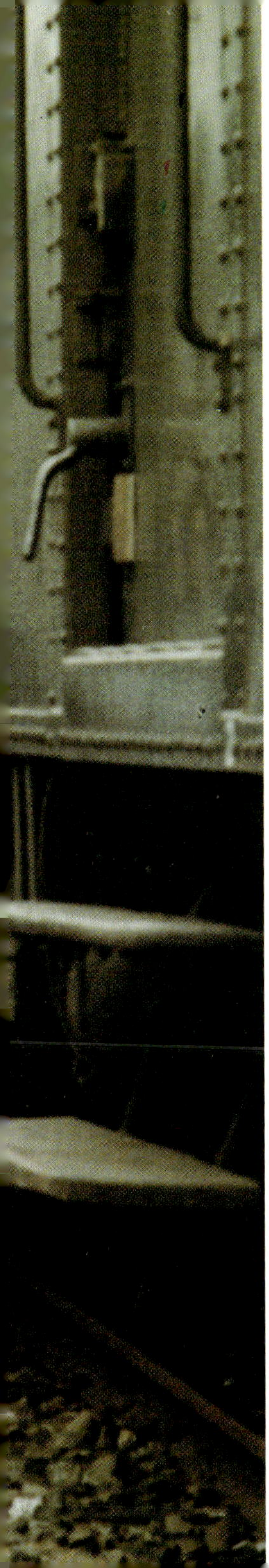

J EAN-PIERRE LÉAUD, MARIE-FRANCE PISIER DANS *L'AMOUR EN FUITE*. CE SERA LE DERNIER DOINEL.

« Dans *L'Amour en fuite*, écrit-il, étant donné qu'on y brasse tout un matériel mélancolique (il s'agit pratiquement d'une biographie filmée), j'ai voulu une fin délibérement, effrontément ou si l'on veut désespérément HEUREUSE ! En même temps, elle marque bien qu'on n'y reviendra pas. »

Lorsqu'il revient, deux ans plus tard, sur l'aventure de *L'amour en fuite*, Truffaut se montre très sévère envers son propre film. « J'étais comme un fildeføriste sans fil de fer », dit-il. Il est vrai que l'équilibre ne se réalise plus entre une fiction trop riche de hasards et de coïncidences et une situation sociale du héros qui ne peut plus trouver d'équivalence dans l'indéniable réussite professionnelle de François Truffaut ou de Jean-Pierre Léaud. Il n'était évidemment pas question de faire d'Antoine un romancier célèbre. La modestie de François s'y serait abruptement refusée.

Il ne peut plus se regarder lui-même avec trop d'attention. Il se connaît trop bien. Il devient trop sévère, presque trop sincère.

Le cinéma seul lui permet d'avancer en âge et de trouver la maîtrise à laquelle il aspire. Maîtrise de la vérité qui doit passer nécessairement à ses yeux par le beau et franc mensonge de la fiction.

— Toute ma vie, j'ai été habitué à cacher mes émotions, à ne rien dire directement, avoue Antoine Doinel dans *L'amour en fuite*.

L'AMOUR EN ŒUVRE.

Dans *Le dernier métro*, Bernard Granger, le jeune acteur incarné par Gérard Depardieu, échoue totalement, parce qu'il s'est montré trop direct dans sa tentative de séduction d'Arlette Guillaume, la décoratrice (Andréa Ferréol). Inversement, c'est par les moyens les plus indirects qu'il parvient à se faire aimer de Marion Steiner (Catherine Deneuve).

Avec ce film, Truffaut découvre peut-être la raison de certaines erreurs passées. Ne s'est-il pas montré trop direct, lui aussi, dans *La sirène du Mississippi*, par exemple, en filmant les scènes d'amour entre Jean-Paul Belmondo et Catherine Deneuve ? Cette fois il prend d'infinies précautions pour nous révéler le jeu subtil des relations entre Bernard Granger et Marion Steiner d'une part, entre Marion et son mari Lucas d'autre part.

On connaît le sujet archi-simple de ce film : la survie d'un théâtre et d'une troupe à Paris pendant la guerre. Lucas Steiner, un célèbre metteur en scène juif, s'est refugié dans la cave de son théâtre pour échapper aux occupants. Marion Steiner, sa femme, le remplace à la direction du Théâtre Montmartre, et elle le rejoint chaque nuit pour le nourrir, lui apporter le réconfort de sa présence et prendre ses instructions.

□ En tournant *Le dernier métro*, dit François Truffaut, j'ai voulu satisfaire trois désirs : montrer les coulisses d'un théâtre, évoquer l'ambiance de l'Occupation, donner à Catherine Deneuve le rôle d'une femme responsable.

Responsables, et forts moralement, les trois personnages principaux le sont à égalité. Bernard Granger est un être impétueux, vivant, qui s'engage dans la Résistance. Lucas Steiner est un grand artiste qui compense son égocentrisme par un charme désarmant et par une lucidité à toute épreuve. Marion Steiner se dévoue totalement pour protéger son mari. Elle va même jusqu'à l'assommer pour l'empêcher de commettre une folie en sortant de sa cachette, un soir où il n'en peut plus d'être enfermé.

C'est en voyant et en revoyant le film que l'on découvre, au-delà de la noblesse des personnages, la richesse et la complexité de cette nouvelle histoire d'amour à trois. L'évolution des sentiments de Marion, qui demeure longtemps illisible aux yeux de Bernard, est percée à jour par Lucas, sans qu'un mot soit prononcé à ce sujet dans leurs conversations nocturnes.

DERNIER METRO

1 | 2
3

HIVER 1980. TOURNAGE DU *DERNIER MÉTRO (1)*.

GÉRARD DEPARDIEU, CATHERINE DENEUVE (2).

HEINZ BENNENT, CATHERINE DENEUVE (3).

On ne peut procéder de façon plus indirecte. Marion se fâche avec Bernard lorsque celui-ci prend à parti le venimeux Daxiat, prince de la Collaboration, qui est une menace constante pour la survie du théâtre. On croit alors qu'elle agit dans le seul intérêt de la troupe et de Lucas, ce qui donne d'autant plus de force à deux brefs instants de vérité :

Lorsque Bernard Granger vient annoncer à Marion qu'il quitte momentanément le théâtre pour la Résistance, elle le gifle violemment. Un peu plus tard, c'est Lucas Steiner en personne qui annonce au jeune acteur : « Ma femme vous aime. » Rien n'a donc été dit et tout s'est accompli dans la seule pensée des personnages.

Jamais, sans doute, François Truffaut n'aura su aussi bien écrire, mettre en scène et diriger les acteurs de ses scènes d'amour. L'aveu de Marion, le jour du départ de Bernard, est à cet égard d'une souveraine beauté. On ne peut rien rêver de plus juste, de plus simple, de plus intensément sensible et sensuel.

Mettant son œuvre et sa pensée en ordre, François Truffaut se devait de réaliser son chef-d'œuvre.

Ce n'est pas un hasard si *Le dernier métro* a été reconnu d'emblée par l'ensemble de la critique et du public comme un grand moment de l'histoire du cinéma.

Truffaut sait à présent qu'il se doit de réaliser encore un film entièrement voué à la passion d'amour. Il ignore que ce sera le dernier, mais il se comporte à tous égards comme si c'était le cas.

Durant la période de Noël 79, il a vu Fanny Ardant à la télévision dans *Les dames de la côte* de Nina Companeez. Malgré son emploi du temps chargé, à deux semaines du premier jour de tournage du *Dernier métro,* il a tenu à la rencontrer.

□ J'avais été séduit, dit-il, la découvrant sur mon écran de télévision, par sa grande bouche, ses grands yeux noirs, son visage en triangle mais j'ai tout de suite reconnu et apprécié en Fanny Ardant les qualités que j'attends le plus souvent des protagonistes de mes films : vitalité, vaillance, enthousiasme, humour, intensité mais aussi, sur l'autre plateau de la balance : le goût du secret, un côté farouche, un soupçon de sauvagerie et, par-dessus tout, quelque chose de vibrant... Le tournage du *Dernier métro* était trop dur, trop absorbant pour me laisser le temps d'étudier un nouveau projet mais lorsque, à la soirée des Césars 1980, j'eus l'occasion de voir, côte-à-côte, Fanny Ardant et Gérard Depardieu, il me semble que je tenais là un beau couple de cinéma, deux grandes silhouettes, le blond et la brune, un homme apparemment simple mais compliqué, une femme apparemment compliquée mais simple comme au revoir.

« OUI, L'AMOUR FAIT MAL... »

Bernard et Mathilde, les deux amants de *La femme d'à côté,* se sont dit adieu huit ans auparavant, à la suite d'une liaison, où leur passion alimentée par les malentendus et les désirs de fuite s'est avérée cruellement épuisante. Mathilde porte au poignet la trace de ces années. A l'insu de Bernard, elle a tenté de se suicider.

Le destin qui les remet en présence, mariés l'un et l'autre, de part et d'autre d'une petite rue de village, sait fort bien ce qu'il fait. Le feu entre eux ne demande qu'à reprendre. Bernard, le premier, tente de résister, mais il perd très vite son sang-froid. Mathilde à son tour refuse de vivre dans le mensonge, mais elle ne peut que raviver les flammes au lieu de les éteindre, en leur donnant pour finir les dimensions d'un incendie.

Le texte de la pièce jouée par les comédiens du *Dernier métro* pourrait servir d'exergue au récit de *La femme d'à côté* :

— Oui, l'amour fait mal. Comme les grands oiseaux rapaces, il plane au-dessus de nous, il s'immobilise et nous menace, mais cette menace est aussi une promesse de bonheur.

Bernard et Mathilde sont les victimes à la fois offertes et rebelles de ce grand oiseau rapace.

« J'ai l'espoir, écrit Truffaut, que le spectateur ne sera pas tenté de prendre parti, de donner tort à l'un et raison à l'autre, mais qu'il les aimera tous les deux comme je les aime. »

Il ne se contente pas de les aimer. Tout laisse entendre qu'il les admire. Face au psychiatre qui soigne sa dépression nerveuse, Mathilde défend orgueilleusement les vérités premières de l'amour contenues dans les chansons populaires :

— Plus elles sont bêtes, plus elles sont vraies et d'ailleurs elles ne sont pas bêtes. Qu'est-ce qu'elles disent ? : “Ne me quitte pas... Ton absence a brisé ma vie... Je suis une maison vide, sans toi... Laisse-moi devenir l'ombre de ton ombre... Sans amour, on n'est rien du tout.”

En septembre 1981, François Truffaut déclare à Pierre Murat qui l'interroge pour *Télérama* :

□ Pour moi une fin heureuse n'est pas nécessairement un happy end. Dans *La peau douce*, j'avais demandé à Nelly Benedetti, alors qu'elle venait de tuer son mari, de sourire très légèrement. Je voulais montrer que cette femme était délivrée de son tourment. Libre, en dépit des années de prison qui l'attendaient. Dans *L'histoire d'Adèle H.*, lorsque, dans les îles de la Barbade, Isabelle Adjani passe sans le reconnaître devant l'homme qu'elle a poursuivi des années, c'est pour moi une fin heureuse. Adèle est allée au bout

La femme d'à côté,

GÉRARD DEPARDIEU,

FANNY ARDANT.

« AU BOUT DE LA PASSION... »

de sa passion. Je suis attentif à l'idée d'un dénouement exaltant, et la mort peut être exaltante comme dans *La Femme d'à côté.*

Il ne lui reste plus que trois ans à vivre et un film à réaliser, qui sera naturellement une comédie.

Vivement dimanche ! est le vingt et unième long métrage de François Truffaut en vingt-cinq ans de carrière. Il y revient au noir et blanc de ses débuts, à la légèreté de ton des comédies policières telles qu'on en tournait en France et en Amérique dans les années 40. C'est un film d'amoureux du cinéma et d'amoureux tout court. Il s'agit pour lui d'offrir à une actrice et admirée, Fanny Ardant, l'occasion de faire valoir l'étendue de son registre.

□ J'ai voulu, dit-il à Paul Ceuzin et Gilles Costaz, présenter Fanny Ardant, qui a plutôt une réputation romantique et lyrique, comme une héroïne de comédie, un peu à la Katharine Hepburn. Pour cela, il faut que le personnage parle très vite, empiète sur le dialogue des autres, qu'il reste très vaillant, très animé. C'est difficile, et j'ai travaillé plus longtemps sur ce film, dix fois plus longtemps que sur *La femme d'à côté.*

Vivement dimanche ! est une comédie endiablée, qui emporte dans son mouvement certains thèmes et obsessions anciennes. Julien Vercel (Jean-Louis Trintignant) a épousé sans le savoir une redoutable aventurière, tout comme Henri Mahé dans *La sirène du Mississippi.* Maître Clément, l'avocat assassin (Philippe Laudenbach), déclare au bout du conte, en guise de justification ultime, que « les femmes sont magiques », reprenant ainsi le leitmotiv que nous avons déjà entendu dans *Tirez sur le pianiste, La nuit américaine* et *L'homme qui aimait les femmes.*

Oui, c'est vrai, les femmes sont magiques, et la passion d'amour peut conduire au meurtre ceux qui en sont possédés. Truffaut fait tout cependant pour ne pas se prendre au sérieux de son propre récit.

— Truffaut a tourné très vite, raconte Jean-Louis Trintignant, sans pinailler, sans découper, comme pour profiter d'un élan. C'est un festival de plans-séquences d'une virtuosité technique folle. On bouge beaucoup, on passe les uns derrière les autres et on se retrouve toujours, comme par miracle, face à la caméra et bien cadrés. Le comédien n'a pas à se soucier des « raccords » d'un plan à l'autre. On est libre, on s'abandonne : tout coule et tout va très vite.

□ On n'a pas le temps d'analyser, dit Truffaut pour sa part. Il y a une espèce de griserie. Pendant le tournage, on doit sentir les moments où il faut appuyer sur le réalisme, et ceux où il faut détourner l'attention. Les histoires sont toujours invraisemblables, mais cela n'a pas d'importance si le plaisir est le plus fort. Le plaisir doit être plus fort que l'analyse.

« C'EST CURIEUX LA MORT, VOUS NE TROUVEZ PAS ?... »

Le rythme de l'action ralentit cependant à l'occasion d'une scène où Julien Vercel (J.-L. Trintignant) et Barbara Becker (Fanny Ardant) éprouvent le besoin de souffler après une soirée particulièrement épuisante. Julien parle de Marie-Christine, sa femme assassinée, qui lui « plaisait terriblement »...

— C'est curieux la mort, vous ne trouvez pas, dit-il à Barbara. Quand les gens meurent de maladie, c'est cruel, c'est injuste, mais c'est vraiment la mort. Quand ce sont des crimes, des meurtres, des assassinats, la mort devient abstraite, comme si la solution du mystère passait en priorité, comme si on était dans un roman policier. Pourtant Marie-Christine est bien morte.

— Quand les gens meurent de maladie, c'est cruel, c'est injuste, mais c'est vraiment la mort...

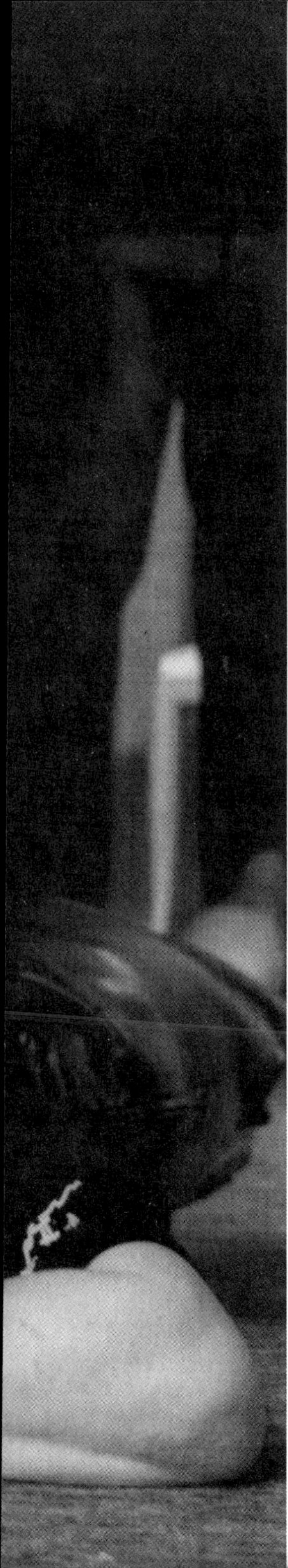

F ANNY ARDANT DANS
VIVEMENT DIMANCHE !
UN PERSONNAGE DE
COMÉDIE AMÉRICAINE.

Rien n'est plus cruel à cet égard que le simple énoncé des dates :

4 novembre 82. Début du tournage de *Vivement dimanche !*

28 septembre 83. Naissance de Joséphine Truffaut, fille de Fanny Ardant et de François.

21 octobre 84. Mort de François Truffaut à Neuilly.

Il me faut ici m'effacer pour laisser parler les intimes, ceux qui ont suivi l'épreuve de ces longs mois où le cinéaste de *La chambre verte* a vaillamment lutté contre la mort.

Janine Bazin :

— 1984. Pendant des mois, ses proches et ses amis ont tissé autour de lui un filet de protection. Chaque silence, chaque mensonge, chaque pensée nous semblait aider à le retenir, à le garder avec nous.

Claude de Givray :

— À l'aventure physique, François préférait l'aventure spirituelle. Il lisait quatre, cinq heures par jour. C'est encore en lisant Sartre et Beauvoir *(La cérémonie des adieux)* qu'il essayait de se préparer à mourir, de trouver un sens à la fin de sa vie (il ne connaissait pas réellement l'étendue de son mal, il ne cherchait pas à le savoir, mais il s'en doutait). Il ne voulait pas s'accorder trop d'importance. Il citait cette phrase de Sartre : « Tout homme qui se sent indispensable est un salaud »... François, qui était arrivé à une grande maîtrise du temps dans le montage de ses films, a été pris de court. Il avait bien programmé son travail. La mort l'a pris à l'improviste. Il avait encore tant de choses à filmer, à écrire.

Gérard Depardieu :

— J'étais à Honfleur chez lui avec ma fille le jour où il a eu son hémorragie. Après, je tournais *Saganne* et je revenais tous les soirs à l'hôpital américain, on parlait. Je lui dis : "Maintenant, il faut que tu te sortes de là". Alors on a acheté les droits de *Nez de cuir* de Lavarande. Marais l'avait joué autrefois. C'est une belle histoire. C'est un Don Juan, vers 1830, ou plutôt un hobereau magnifique qui avait des terres, qui était beau et que les femmes aimaient. Il part à la guerre avec Napoléon et il est laissé dans un champ pour mort, il n'a plus de gueule. Il a un trou, on l'appelle « nez de cuir » parce qu'il a une espèce de masque, et un jour il tombe amoureux. C'est un cri d'amour. Je lui dis : "Nez de cuir, il a un trou dans la gueule, toi tu as un trou dans la tête, ça va très bien." On voulait aussi refaire *Le comte de Monte-Cristo* pour la télé américaine. À la fin le discours n'était que sur le cinéma, il ne parlait que de cinéma. Si on prend l'expression berrichonne : « Les morts font leurs bagages », lui ses bagages c'était les films, il a emmené tous ces films qu'il aimait. C'était : on ne parle plus que de cinéma, on ne parle plus de maladie, de rien, de la chambre, des objets. Il est parti dans le cinéma.

Parmi les témoignages de cinéastes sur François Truffaut, on me permettra d'en retenir un seul :

— J'aime sa façon d'aborder les choses, disait de lui Ingmar Bergman, sa façon de sentir, de penser. Il ne se laissera jamais corrompre, ni détruire.

047779
ENTRÉE
047779

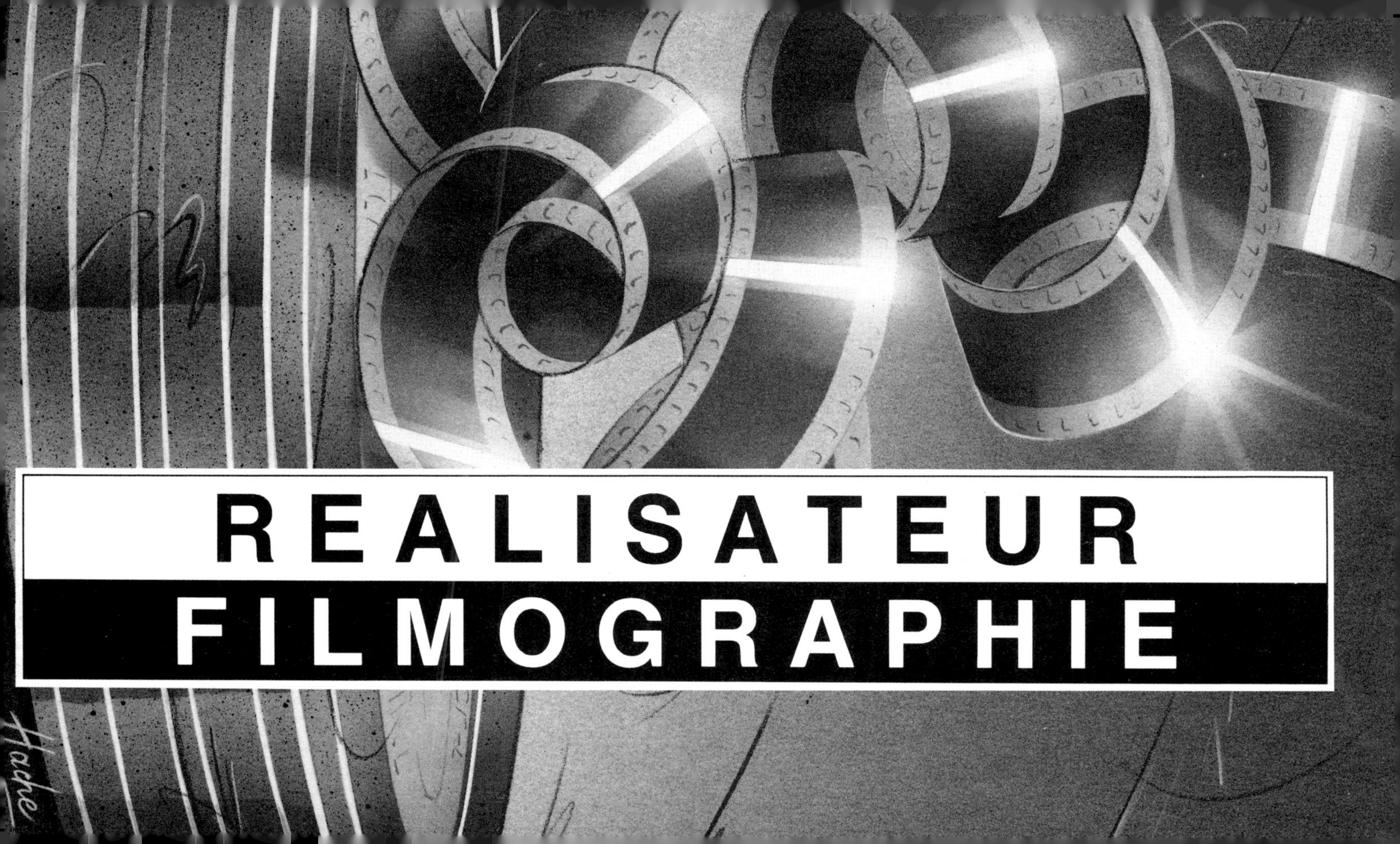
REALISATEUR
FILMOGRAPHIE
Hache

UNE VISITE

1954 - France - 19 mn - N/B. Muet.

RÉALISATION : François Truffaut.

Scén. de François Truffaut.

Im. : Jacques Rivette. *Mont. :* Alain Resnais. *Dir. de Prod. :* Robert Lachenay.

INTERPRÈTES : Laura Mauri, Jean-José Richer, Francis Cognany, Florence Doniol-Valcroze.

Tournage : 1954 à Paris.
Sortie : 1954.

« J'avais voulu faire un film en 16 mm où tout serait blanc et très clair, afin de ressembler à une comédie de Cukor. »

Image et son, n° 245.

« ... J'improvisais, ce qui est absolument insensé quand on est amateur : on pourrait quand même travailler un peu avant de tourner. Je n'avais pas d'histoire, mais trois acteurs, deux garçons et une fille, sans compter la petite fille de Doniol, je me suis aperçu que la moitié des plans enregistrés dans une journée était strictement inutile ; je n'avais aucun sens de l'ellipse. »

Gilbert Salachas
Télé-Ciné n° 94, mars 1961.

LES MISTONS

1957/58 - France - 23 mn - N/B.

RÉALISATION : François Truffaut.

PRODUCTION : Les Films du Carrosse. *Dist. :* Les Films de la Pléiade.

Scén. et dial. de François Truffaut. *Adapt. de* la nouvelle de Maurice Pons extraite du recueil « Virginales ». *Mus. de* Maurice Le Roux. *Commentaires dits par* Michel François.

Im. : Jean Malige. *Mont. :* Cécile Decugis. *Dir. de Prod. :* Robert Lachenay.

INTERPRÈTES : Bernadette Lafont, Gérard Blain.

Tournage : août 1957 à Nîmes.
Sortie : 1958.

Prix de la mise en scène au Festival de Bruxelles.
Prix des jeunes spectateurs (Belgique).
Médaille d'or à Manheim (Allemagne).
Blue Ribbon Award (U.S.A.).

« *Les Mistons,* mon premier film, dont chaque phrase était visuellement suggestive. Il décrivait une fille roulant à bicyclette dans la campagne.
Et il y avait des enfants... J'avais envie que mon premier film soit une histoire d'enfants. Le plus curieux, c'est que je n'apprécie la campagne que quand je tourne. Quand j'étais jeune, je ne voulais même jamais quitter Paris, de crainte de rater un film au Champollion !
Mon ami Rivette est encore comme ça. »

Claude-Marie Trémois
Télérama, 31 octobre 84.

UNE HISTOIRE D'EAU

1958 - France - 18 mn - N/B.

RÉALISATION : François Truffaut et Jean-Luc Godard.
PRODUCTION : Les Films de la Pléiade. *Dist.* : Les Films de la Pléiade.

Scén. : Improvisation sur les inondations. *Commentaire de* Jean-Luc Godard.

Im. : Michel Latouche. *Mont.* : Jean-Luc Godard. *Dir. de Prod.* : Roger Fleytoux.

INTERPRÈTES : Jean-Claude Brialy, Caroline Dim.

Tournage : 1958.
Sortie : 1961

« J'avais un goût très fort pour les inondations, comme pour le feu. Et je dis à Braunberger, le producteur qui croyait le plus en moi : "Si vous me donnez de la pellicule, je pars avec Brialy et une fille et on essaie d'improviser quelque chose sur les inondations". »

Cinématographe, n° 105, octobre 1984.

« ... J'ai ramené 600 mètres de pellicule impressionnée, mais qui n'impressionnait que nous et même pas nous-mêmes. J'ai dit à Braunberger : "Vous avez perdu six cents mètres de pellicule. Laissez ça de côté". Jean-Luc Godard a voulu voir les six cents mètres et a dit : "Cela m'amuse de faire un montage." Il a fait un montage du film à sa façon ; un commentaire... »

Cinéma 67, n° 112.

LES QUATRE CENTS COUPS
Un hommage à André Bazin

1959 - France - 93 mn - N/B. Dyaliscope.

RÉALISATION : François Truffaut.
PRODUCTION : Les films du Carrosse. *Dist.* : Cocinor-SEDIF.

Scén. de François Truffaut. *Dial. et adapt. de* François Truffaut et Marcel Moussy. *Mus. de* Jean Constantin.

Im. : Henri Decae. *Son* : Jean-Claude Marchetti. *Déc.* : Bernard Evein. *Mont.* : Marie-Josephe Yoyotte. *Dir. de Prod.* : Georges Charlot.

INTERPRÈTES : Jean-Pierre Léaud (Antoine Doinel), Albert Rémy (le beau-père), Claire Maurin (la mère), Patrick Auffay (René Bigey), Georges Flamant (Me Bigey), Jeanne Moreau (la femme au chien), Jean Douchet (l'amant), Jacques Demy, J.-C. Brialy.

Tournage : 10 novembre 1958 au 3 janvier 1959.
Sortie : 3 juin 1959.

Grand Prix de la mise en scène (Festival de Cannes 1959).
Grand Prix de l'Office Catholique International du Cinéma (Cannes 1959).
Prix Fémina Belge du cinéma 1959 (Olivier d'Or).
Prix au Festival d'Acapulco 1959.
Prix Joseph Burstyn (meilleur film étranger 1959 aux U.S.A.).
Prix de la critique new-yorkaise (meilleur film étranger 1959).
Prix Méliès 1959.

« C'est justement Jean Renoir qui m'a appris que l'acteur jouant un personnage est plus important que ce personnage ou, si l'on préfère, qu'il faut toujours sacrifier l'abstrait au concret. Rien d'étonnant donc si Antoine Doinel s'est, dès le premier jour de tournage des *Quatre Cents Coups,* éloigné de moi pour se rapprocher de Jean-Pierre. Sur l'écran, Antoine Doinel est devenu plus vaillant que prévu et d'une bonne foi apparente si grande que le public lui a tout pardonné au point même que les parents et les autres personnages adultes, dont nous avions voulu Marcel Moussy et moi nuancer le comportement, sont apparus finalement presque odieux sur l'écran. »

Antoine Doinel,
Ramsay Poche, août 1970.

TIREZ SUR LE PIANISTE

1960 - France - 85 mn - N/B.

RÉALISATION : François Truffaut.
PRODUCTION : Les Films de la Pléiade. *Dist. :* Cocinor.

Scén. de François Truffaut et Marcel Moussy.
Dial. de François Truffaut.
Adapt. du roman de David Goodis « Down there » par François Truffaut et Marcel Moussy. *Mus. de* Georges Delerue. *Chansons : Framboise* de Boby Lapointe et *Dialogue d'amoureux* de Félix Leclerc.

Im. : Raoul Coutard. *Son :* Jacques Gallois. *Déc. :* Jacques Mely. *Mont. :* Cécile Decugis et Claudine Bouche.
Dir. de Prod. : Roger Fleytoux.
Scripte : Suzanne Schiffman.

INTERPRÈTES : Charles Aznavour (Charlie Kohler), Marie Dubois (Léna), Boby Lapointe (le chanteur), Nicole Berger (Thérésa), Michèle Mercier (Clarisse), Claude Mansard (Momo), Albert Rémy (Chico), Daniel Boulanger (Ernest), Serge Davri (Plyne), Alex Joffe (le passant), A. Sapritch (concierge).

Tournage : 30 novembre 1959 au 22 janvier 1960.
Sortie : 25 novembre 1960.

Prix de la photographie (Allemagne).
Prix de la Nouvelle Critique (France).

« Il y a en lui deux aspects qui peuvent apparaître un peu contradictoires, le Charles Aznavour calme, mesuré, raisonnable, installé, qui n'a pas besoin d'extérioriser, c'est son côté Gabin, et le Charles Aznavour étrange, maladif, insolite, un peu fou, halluciné et lunaire, c'est son côté Le Vigan. Charles me dit souvent : “Le jour où tu as besoin dans un film d'un vrai dingue, surtout tu me téléphones.” Il est, avant tout, un personnage poétique. Si l'on tourne un gros plan de Charles quand il a le regard neutre, on s'aperçoit à la projection que le regard est plein d'une tristesse infinie. C'est ainsi que j'ai choisi pour dernière image du *Pianiste* un gros plan filmé le jour où nous n'avions plus le temps de régler une longue scène et c'est à cause de cette tristesse que nous avons improvisé une fin malheureuse. Charles est d'une très grande pudeur. Au fond de lui-même, il éprouve comme de la honte de chanter ou de jouer, de se donner en spectacle, car il est profondément sérieux et grave ; mais comme il est non moins profondément artiste, il ne pourrait pas faire autre chose. Il se jette à l'eau et se donne tout entier, sans ruser. Enfin, j'ai remarqué que tous les interprètes du *Pianiste* étaient meilleurs dans les scènes avec Charles, que dans les scènes où il n'apparaît pas. C'est ce qui explique que tous et toutes aiment travailler avec lui : il donne le *la*, il impose le ton juste. »

Truffaut in *Cinémonde, n° 1343 mai 1960, « Aznavour donne le* la ».

JULES ET JIM

1961/62 - France - 100 mn - N/B. Franscope.

RÉALISATION : François Truffaut.
DISTRIBUTION : Les Films du Carrosse, S.E.D.I.F. *Dist. :* Cinedis.

Scén. et dial. de François Truffaut et Jean Gruanet. *Adapt. du* roman d'Henri-Pierre Roché. *Commentaires de* Michel Subor. *Mus. de* Georges Delerue. *Chanson :* « Le Tourbillon » de Bassiak (Serge Rezvani) interprété par Jeanne Moreau.

Im. : Raoul Coutard. *Déc. :* Fred Capel. *Mont. :* Claudine Bouché. *Dir. de Prod. :* Marcel Berbert. *Scripte :* Suzanne Schiffman.

INTERPRÈTES : Jeanne Moreau (Catherine), Oscar Werner (Jules), Henri Serre (Jim), Marie Dubois (Thérèse), Boris Bassiak (Albert), Danielle Bassiak (la compagne d'Albert), Sabine Haudepin (Sabine).

Tournage : 10 avril 1961 au 28 juin 1961.
Sortie : 24 janvier 1962.

Prix de la mise en scène au Festival de Mar del Plata et au Festival d'Acapulco.
Prix Cantaclaros 1961-1962. Caracas Venezuela.
Prix de l'Académie de Cinéma - Étoile de Cristal.
Meilleur film français et Grand Prix de l'interprétation féminine.
Oscar Danois « Bodil 1963 ». Meilleur film européen de l'année.
Nastro Argento (décerné par les journalistes italiens au meilleur film de l'année du cinéma).
Prix de la Critique au Festival de Cartagène.

« *Jules et Jim* a été ma chance. On critiquait alors la *nouvelle vague* qui, disait-on, n'avait su faire que des premiers films... (Jeanne Moreau). Elle avait déjà fait *Les Amants* et *La notte*. C'est contre *La notte* que j'ai voulu faire ce film avec elle. Antonioni avait exploité le côté Bette Davis de Jeanne Moreau : le visage maussade. Elle ne riait jamais. J'ai voulu relever ses traits. Elle a un rire étonnant. Il y a d'ailleurs une scène dans mon film où elle dit : "Mais je sais aussi sourire". Là, on voit d'elle un autre visage... Non, les personnages n'étaient pas moraux. Ils essayaient de bonne foi un autre cadre de vie. Elle est une femme passionnée qui va jusqu'au bout. Même la mort est exaltante. C'est le comble de leur histoire. Ce qui m'a plu, c'est d'obliger le public à les aimer tous, à ne pas choisir l'un contre l'autre. C'est ce que je recherche toujours. »

Anne de Gasperi
Le Quotidien de Paris, 11 juin 1980.

« Quant à *Jules et Jim,* à la lecture du roman de Henri-Pierre Roché, j'ai senti instinctivement que la caméra devait dessiner des cercles. Elle et eux.
Trois personnages autour d'une table, donc il fallait toujours montrer l'un par rapport à l'autre et chaque personnage relié à la nature. La forme s'est donc imposée toute seule : le panoramique à 360°.
Et la chanson : *Le tourbillon,* illustre à la fois le sujet et la mise en scène du film. »

Claude-Marie Trémois
Télérama, 31 octobre 1984.

ANTOINE ET COLETTE

Premier sketch de « L'amour à 20 ans » fait de cinq sketches réalisés par Truffaut - Renzo Rossellini - Marcel Ophuls - Andrzej Wajda - Schintaro Ishihara.

1962 - France - 29 mn - N/B.
Cinémascope.
Durée totale : 120 mn

RÉALISATION : François Truffaut.
PRODUCTION : Ulysse-Production Reprise. *Dist. :* Twentieth Century Fox par les Films du Carrosse.
Scén. de François Truffaut.
Commentaires dits par Henri Serre.
Mus. de Georges Delerue.

Im. : Raoul Coutard. *Mont. :* Claudine Bouché. *Dir. de Prod. :* Philippe Dussart. *Scripte :* Suzanne Schiffman.

INTERPRÈTES : Jean-Pierre Léaud (Antoine Doinel), Marie-France Pisier (Colette), Patrick Auffay (René), Rosy Varte (la mère de Colette), Francis Darbon (le beau-père de Colette), Jean-François Adam.

Tournage : novembre 1961.
Sortie : 22 juin 1962.

« La vie est si courte... Trop courte... Dans mes choix j'écarte la pure comédie car la vie n'est pas tellement drôle, j'écarte les purs drames car la vie n'est pas si tragique...
...Je ne montre presque jamais des gens qui nagent, skient ou dansent car je ne sais ni nager ni danser ni skier et je ne comprends rien aux sports. Alors pour choisir mes sujets procédant par élimination, je travaille avec ce qui reste : les histoires d'amour et les histoires d'enfants. »

Tay Garnett, Hatier 1981,
Portraits de cinéastes,
« Un siècle de cinéma ».

LA PEAU DOUCE

1963/64 - France - 116 mn - N/B.

RÉALISATION : François Truffaut.

PRODUCTION : Les Films du Carrosse, S.E.D.I.F. *Dist.* : Athos Films.

Scén. de François Truffaut et Jean-Louis Richard. *Dial. de* François Truffaut. *Mus. de* Georges Delerue.

Scripte : Suzanne Schiffman.
Im. : Raoul Coutard.
Mont. : Claudine Bouché.
Dir. de Prod. : Georges Charlot.

INTERPRÈTES : Françoise Dorléac (Nicole), Jean Dessailly (Pierre Lachenay), Nelly Benedetti (Franca), Daniel Ceccaldi (Clément), Jean Lanier (Michel), Paule Emanuèle (Odile), Sabine Haudepin (Sabine).

Tournage : 21 octobre 1963 au 30 décembre 1963.
Sortie : 20 mai 1964.

Oscar Danois « Bodil 64 » au meilleur film européen de l'année.
Participation aux Festivals de Cannes, de Montréal, de Karlovy Vary et de San Sebastian.

« Elle s'appelait Françoise... Françoise Dorléac représentait davantage une personne comme on en rencontre peu dans une existence, une jeune femme incomparable que son charme, sa féminité, son intelligence, sa grâce et son incroyable force morale rendaient inoubliable à quiconque avait parlé une heure avec elle.
Personnalité forte, éventuellement autoritaire, contrastant avec un physique fragile et romantique du type algue marine ou lévrier. Françoise Dorléac, actrice selon moi insuffisamment appréciée, aurait certainement trouvé avec la trentaine le vrai contact avec le grand public qui l'aurait alors adorée comme l'ont adorée tous ceux qui ont eu la chance de travailler avec elle.
Le difficile, pour les jeunes actrices, est d'effectuer harmonieusement le passage de la jeune fille à la femme, d'abandonner les rôles juvéniles au profit des rôles adultes, je crois que Françoise Dorléac, femme précoce et prématurée avec son visage et son corps déjà construits et, comme on dit dans les studios, construits en dur, et pour durer, était la seule jeune actrice dont on pouvait penser qu'elle plairait de plus en plus.
Depuis l'adolescence, elle prenait deux douches d'eau glacée chaque jour en affirmant : "C'est à vingt ans qu'on prépare ses quarante ans" ; lorsqu'elle se montrait impatiente de trouver des rôles, et de tourner des films, je tentais de la convaincre qu'elle n'avait rien à redouter des années qui s'ajoutent aux années et que le temps travaillait pour elle. Je lui disais qu'on tournerait tous les six ans et je lui donnais rendez-vous en 1970, 1976, 1982. »

Cahiers du Cinéma, n°s 200/201, avril/mai 1968.

FAHRENHEIT 451

1966 - Angleterre - 113 mn - C. Technicolor.

RÉALISATEUR : François Truffaut.
PRODUCTION : Vineyard Films LTD (Lewis M. Allen). *Dist.* : Universal.

Scén. de François Truffaut et Jean-Louis Richard. *Dial. de* François Truffaut, David Rudkin et Helen Scott. *Adapt. du* roman de Ray Bradbury « Fahrenheit 451 ». *Mus. de* Bernhard Herrmann.

Im. : Nicolas Roeg. *Son :* Bob Mc Phee. *Déc. :* Syd Cain. *Mont. :* Thom Noble. *Dir. de Prod. :* Ian Lewis. *Effets spéciaux :* Bowie Films LTD. Rank Films. Processing Charles Staffel.

INTERPRÈTES : Julie Christie (Linda Montag et Clarisse), Oscar Werner (Montag), Cyril Cusack (le capitaine), Anton Driffing (Fabian), Jérémy Spencer (l'homme à la pomme), Anne Bell (Doris), Caroline Hunt (Helen), Gillian Lewis (la speakerine).

Tournage : 12 janvier au 22 avril 1966. *Sortie :* 16 septembre 1966.

A représenté l'Angleterre au Festival de Venise 1966. Prix du meilleur film étranger en Italie.

« Julie Christie sera épatante, aussi facile à travailler que Jeanne Moreau ou Françoise Dorléac, comme elles, faisant confiance, ne chipotant jamais et ne posant jamais de questions abstraites du genre : “Que ressent-elle quand elle dit patati patata...” Dans ce rôle de Linda, je vais la filmer généralement de profil, réservant la face pour le rôle de Clarisse. Son profil est justement très beau, à la manière d'un dessin de Cocteau ; le nez droit fantastique et la lèvre supérieure très ourlée. Immense bouche, large, vampire... Julie Christie est superbe aux rushes, elle donne de merveilleux regards bien stylisés, elle peut tout faire ; malheureusement, le rôle de Linda étant ce qu'il est, je n'utilise qu'une partie de son talent.
Pour le rôle de Clarisse, je l'ai asexuée pour ne pas l'immiscer, ni Montag (Oscar Werner), dans une situation adultérine qui a fait ses preuves ailleurs que dans la science-fiction. Ni maîtresse ni girl-scout ni girl-friend, Clarisse n'est qu'une petite jeune fille raisonneuse et questionneuse que Montag trouve sur son chemin et qui l'en fait dévier. Julie Christie lui donne la réalité nécessaire et je ne me fais plus trop de soucis à ce sujet... »

Arts et Loisirs, n° 53, 1966.

LA MARIÉE ÉTAIT EN NOIR

1967/68 - France/Italie - 107 mn - C. Eastmancolor.

RÉALISATION : François Truffaut. PRODUCTION : Les Films du Carrosse. Les Productions des Artistes Associés (Paris). Dino de Laurentiis Cinématografica (Rome). *Dist. : Les Artistes Associés.*

Scén. et dial. de François Truffaut et Jean-Louis Richard. *Adapt. du* roman de William Irish. « The Bride wore black ». *Mus. de* Bernhard Heerrmann. *Direction musicale :* André Girard.

Im. : Raoul Coutard. *Son :* René Levert. *Déc. :* Pierre Guffroy. *Mont. :* Claudine Bouché assistée de Yann

Dedet. *Dir. de Prod.* : Georges Charlot.

INTERPRÈTES : Jeanne Moreau (Julie Kohler), Claude Rich (Bliss), Jean-Claude Brialy (Corey), Michel Bouquet (Coral), Michel Lonsdale (Morane), Charles Denner (Fergus), Daniel Boulanger (Delvaux), Serge Rousseau (David), Alexandra Stewart (Mlle Becker), Christophe Bruno (Cookie).

Tournage : 16 mai 1967 au 10 novembre 1967.
Sortie : 17 avril 1968.

Prix Hollywood Foreign-Press Association.

« Jeanne Moreau, dans *La Mariée*, n'est pas vraiment un personnage mais plutôt une déesse, un symbole. Après avoir vu le film on devinera de quelle déesse il s'agit et de quel symbole. Mystérieuse mais humaine et fragile, elle nous véhicule d'un homme à l'autre, elle devient une sorte de médium entre les personnages masculins du film (qui se confient à elle) et les spectateurs assis dans l'ombre. »

Truffaut in *Dossier de presse, 1968.*

BAISERS VOLÉS

1968 - France - 90 mn - C. Eastmancolor.

RÉALISATION : François Truffaut.
PRODUCTION : Les Films du Carrosse et les Artistes Associés.
Dist. : Artistes Associés.
Scén., dial. et adapt. de François Truffaut, Claude de Givray et Bernard Revon. *Mus. de* Antoine Duhamel. *Chanson de* Charles Trenet « Que reste-t-il de nos amours ? » chantée par l'auteur.

Im. : Denys Clerval. *Son* : René Levert. *Déc.* : Claude Pignot. *Mont.* : Agnès Guillemot *assistée de* Yann Dedet. *Dir. de Prod.* : Claude Miller. *Scripte* : Suzanne Schiffman.

INTERPRÈTES : Jean-Pierre Léaud (Antoine Doinel), Delphine Seyrig (Fabienne Tabard), Claude Jade (Christine), Daniel Ceccaldi (M. Darbon), Claire Duhamel (Mme Darbon), Michel Lonsdale (M. Tabard), André Falcon (M. Blady), Marie-France Pisier (Colette Tazzi).

Tournage : 5 février au 28 mars 1968.
Sortie : 6 septembre 1968.

« Je n'ai jamais aussi peu travaillé à un film. Depuis le début, il y a l'affaire Langlois, à laquelle je travaille pendant trois, quatre heures, le matin à mon bureau ; l'après-midi, je ne sais plus du tout ce que je tourne, il y a des moments où je ne me souviens même plus du rendez-vous de tournage. Ma secrétaire me le dit, j'arrive, il y a des acteurs que j'ai engagés deux mois auparavant et dont je ne me souviens plus, on écrit au café en vitesse les raccords qui manquent, les dialogues, et finalement on tourne en pleine euphorie. Comme si ça n'avait aucune importance. Je crois que c'est le plus détendu de tous mes films. En même temps, comme il a des ambitions très concrètes, il faut que ce soit vivant, amusant. Donc, j'improvise beaucoup. Ce qui fait qu'on ne sait pas très bien, en définitive, comment ça tournera. Ça peut avoir la légèreté d'une feuille de papier à cigarettes, ça peut avoir aussi celle, plus cruelle, d'une lame de rasoir. Je pense néanmoins qu'on retombera sur nos pieds. Mais quand même, c'est la première fois depuis "Le pianiste" que je ne sais pas du tout vers quoi je vais, que je ne sais pas du tout comment ça finira. »

Cahiers du cinéma, nos 200/201, avril-mai 1968.

« Il y a quelque temps, un dimanche matin, la télévision diffuse dans l'émission « la Séquence du spectateur » une scène extraite de *Baisers volés* et montrant Jean-Pierre Léaud et Delphine Seyrig. Le lendemain soir, j'entre dans un bistrot où je n'ai jamais mis les pieds, à Saint-Lazare, et le patron me dit : Tiens, vous je vous reconnais... je vous ai vu hier à la télévision. Or, ce n'est évidemment pas moi que le patron a vu à la télévision mais Jean-Pierre Léaud, jouant le rôle d'Antoine Doinel. Je demande un café « bien serré », le patron me l'apporte et comme il s'est rapproché de moi il me dévisage plus attentivement et ajoute : Ce film-là, vous avez dû le tourner il y a un certain temps déjà, hein, vous étiez plus jeune...
Je raconte cette histoire car elle illustre assez bien l'ambiguïté (en même temps que l'ubiquité !) d'Antoine Doinel, ce personnage imaginaire qui se trouve être la synthèse de deux personnes réelles, Jean-Pierre Léaud et moi. »

Les aventures d'Antoine Doinel, Ramsay Poche, avril 1970.

LA SIRÈNE DU MISSISSIPPI

Dédié à Jean Renoir.
1969 - France - 120 mn - C.
Dyaliscope-Eastmancolor.

RÉALISATION : François Truffaut.
PRODUCTION : Les Films du Carrosse. Les Artistes Associés.
Dist. : Les Artistes Associés.

Scén. et dial. de François Truffaut.
Adapt. du roman de William Irish « Waltz into darkness ».
Mus. de Antoine Duhamel.

Im. : Denys Clerval. *Son :* René Levert. *Déc. :* Claude Pignot, *assisté de* Jean-Pierre Kohut-Svelko. *Mont. :* Agnès Guillemot, *assistée de* Yann Dedet. *Dir. de Prod. :* Claude Miller. *Scripte :* Suzanne Schiffman.

INTERPRÈTES : Jean-Paul Belmondo (Louis Mahé), Catherine Deneuve (Marion), Michel Bouquet (Comolli), Nelly Borgeaud (Berthe Roussel), Marcel Berbert (Jardine), Roland Thénot (Richard).

Sortie : 18 septembre 1969.

« La Sirène du Mississippi » m'intéresse d'abord parce que c'est l'histoire d'un

UN FILM DE FRANÇOIS TRUFFAUT
Baisers Volés
...que reste-t-il de nos amours?...
scénario original et dialogue de
FRANÇOIS TRUFFAUT - CLAUDE de GIVRAY - BERNARD REVON
avec
JEAN-PIERRE LEAUD
DELPHINE SEYRIG - CLAUDE JADE - MICHEL LONSDALE
HARRY MAX - ANDRE FALCON - DANIEL CECCALDI
Musique ANTOINE DUHAMEL
Directeur de la Photographie DENYS CLERVAL
Production Les Films du Carrosse - Les Productions Artistes Associés
Eastmancolor

homme normalement intégré dans la société qui rencontre une fille qui le met en dehors de cette société. Je ne crois pas que ce soit très original comme situation. Mais c'est intéressant comme contraste quand on s'intéresse aux relations d'un couple. Par amour certes, les femmes aussi peuvent faire n'importe quoi. Mais on le comprend mieux d'un homme.

C'est en fait la première fois que je raconte l'histoire d'un couple. Cela n'a rien à voir avec l'adultère traité dans *La peau douce,* ni avec les relations triangulaires de *Jules et Jim.* Il n'y a pas "l'autre homme" ni "l'autre femme"...

Hier, par exemple, j'ai filmé une scène où Belmondo a un revolver dans la main. J'ai fait dire à Jean-Paul les phrases que je dirais moi, si j'avais une arme dans la main : "Depuis que je vous cherchais, je ne pensais qu'à vous tuer et maintenant que je suis devant vous, je m'aperçois que c'est très difficile. Il y a une détente et je ne peux pas appuyer dessus."

Mes personnages ne sont pas des hommes forts. Je n'aime pas les hommes forts ! »

Guy Teissere, L'Aurore
6 février 1969.

L'ENFANT SAUVAGE

Film dédié à Jean-Pierre Léaud
1969/70 - France - 83 mn - N/B.

RÉALISATION : François Truffaut.
PRODUCTION : Les Films du Carrosse et les Productions les Artistes Associés. *Dist. :* Artistes Associés.

Scén. et dial. de François Truffaut et Jean Gruault. *Adapt. de* « Mémoire et rapport sur Victor de l'Aveyron », par Jean Itard (1806). *Mus. de* Antonio Vivaldi. *Direction musicale :* Antoine Duhamel.

Im. : Nestor Almendros. *Son :* René Levert. *Déc. :* Jean Mandaroux. *Mont. :* Agnès Guillemot, *assistée de* Yann Dedet. *Dir. de Prod. :* Claude Miller.

INTERPRÈTES : Jean-Pierre Cargol (Victor de l'Aveyron), François Truffaut (le docteur Jean Itard), Françoise Seigner (Mme Guérin), Jean Dasté (Philippe Pinel), Paul Villié (le Vieux Rémy), Pierre Fabre (l'infirmier), Claude Miller (M. Lemeri), Annie Miller (Mme Lemeri).

Tournage : 7 juillet 1969 à septembre 1969.
Sortie : 26 février 1970.

« La nécessité d'être comédien s'est imposée à moi avec *L'enfant sauvage.* J'ai longtemps gardé le scénario avant de me décider à entreprendre le film, car chaque fois que je pensais au tournage j'étais jaloux de l'acteur qui allait jouer le rôle du docteur Jean Itard. Oui, j'étais jaloux, parce que le rôle consistait à s'occuper d'un enfant incapable de s'exprimer, l'acteur devait prendre en charge cet enfant physiquement en l'emmenant de la fenêtre à la porte, en lui mettant des objets dans les mains... autant de gestes que je ressentais comme des choix de mise en scène dont le comédien me frustrerait. Le film supposait également que le comédien interprétant le docteur Itard n'évince pas le personnage de Victor, l'enfant sauvage. Une vedette aurait détruit l'équilibre que je souhaitais, un comédien inconnu aurait profité du rôle pour saisir sa chance au détriment de l'enfant..

Cinéma Français, n° 19, 1978.

DOMICILE CONJUGAL

1970 - France - 100 mn - C. Eastmancolor.

RÉALISATION : François Truffaut. PRODUCTION : Les Films du Carrosse, Valoria Films (Paris), Fida Cinematografica (Rome). *Dist.* : Valoria Films.

Scén. de François Truffaut, Claude de Givray et Bernard Revon. *Mus. de* Antoine Duhamel.

Im. : Nestor Almendros. *Son* : René Levert. *Déc.* : Jean Mandaroux, *assisté de* Jean-Pierre Kohut-Svelko. *Mont.* : Agnès Guillemot, *assistée de* Yann Dedet. *Dir. de Prod.* : Claude Miller. *1re assistante mise en scène* : Suzanne Schiffman.

INTERPRÈTES : Jean-Pierre Léaud (Antoine Doinel), Claude Jade (Christine Doinel), Claude Véga (l'étrangleur), Daniel Ceccaldi (Lucien Darbon), Claire Duhamel (Mme Darbon), Hiroko Berghauer (Kyoko), Barbara Laage (Monique), Daniel Boulanger (le ténor), Sylvana Blasi (la femme du ténor).

Tournage : 21 janvier 1970 au 18 mars 1970.
Sortie : 9 septembre 1970.

« On va faire des dosages plus forts que pour *Baisers volés*, de façon que cela ne ressemble plus à de la demi-teinte. Donc, on va pousser les choses drôles jusqu'au burlesque, et les choses graves seront forcément graves, puisque ce sont des scènes de disputes. »

LES DEUX ANGLAISES ET LE CONTINENT

1971 - France - 132 mn - C. Eastmancolor.
RÉALISATION : François Truffaut. PRODUCTION : Les Films du Carrosse, Cinétel. *Dist.* : Valoria Films.

Scén. et dial. de François Truffaut et Jean Gruault. *Adapt. du* roman d'Henri-Pierre Roché « Les deux Anglaises et le Continent ». *Mus. de* : Georges Delerue. *Commentaires dits par* François Truffaut.

Im. : Nestor Almendros. *Son* : René Levert. *Déc.* : Michel de Broin. *Mont.* : Yann Dedet *assisté de* Martine Barraqué. *Dir. de Prod.* : Claude Miller. *1re assistante mise en scène* : Suzanne Schiffman.

INTERPRÈTES : Jean-Pierre Léaud (Claude Roc), Kika Markham (Anne), Stacey Tendeter (Muriel), Irène Tune (Ruta), Sylvia Marriott (Mrs Brown), Annie Miller (Monique de Montferrand), Marie Mansart (Claire Roc), Jane Lobre (la concierge), Philippe Léotard.

Tournage : 20 avril au 9 juillet 1971.
Sortie : 26 novembre 1971.

Version intégrale assurée en 1984 par Truffaut et Martine Barraqué. La version première étant amputée de 20 mn.

Épi d'Or au Festival de Valladolid. Prix du Cercle des Écrivains Cinématographiques espagnols.

« Grâce à Nestor Almendros, le chef opérateur, voici de mes six films en couleur le premier dont je sois plastiquement satisfait de la première image jusqu'au mot fin. Il était logique enfin que je demande à Georges Delerue, le plus cinéphile des musiciens, de diriger sa partition la plus violente et la plus lyrique... Non, je n'étais pas seul pour creuser ce premier tunnel sous la Manche que constitue, je l'espère, *Les deux Anglaises.* »

UNE BELLE FILLE COMME MOI

1972 - France - 98 mn - C. Eastmancolor.

RÉALISATION : François Truffaut.
PRODUCTION : Les Films du Carrosse et Colombia Film.
Dist. : Columbia Film.

Scén. et dial. de François Truffaut et Jean-Loup Dabadie. *Adapt. du* roman d'Henry Farrell « Such a gorgeous kid like me ». *Mus. de* Georges Delerue. *Chansons :* « Sam's Song ». *Musique :* Guy Marchand. *Paroles :* Jean-Loup Dabadie « Une belle fille comme moi ». *Musique :* Jacques Datin. *Paroles :* Jean-Loup Dabadie.

Im. : Pierre William Glenn. *Son :* René Levert. *Déc. :* Jean-Pierre Kohut-Svelko *assisté de* Jean-François Stevenin. *Mont. :* Yann Dedet *assisté de* Martine Barraqué. *Dir. de Prod. :* Claude Miller.
1re assistante mise en scène : Suzanne Schiffman.

INTERPRÈTES : Bernadette Lafont (Camille Bliss), Claude Brasseur (Maître Muréne), Charles Denner (Arthur, le dératiseur), Guy Marchand (Sam Golden, le chanteur), André Dussolier (Stanislas Previne, le sociologue), Philippe Léotard (Clovis Bliss, le mari).

Tournage : 14 février1972 au 12 avril 1972.
Sortie : 13 septembre 1972.

« Avec *Une belle fille comme moi,* j'ai la chance de filmer une histoire dont les personnages sont tous fous, ce qui permettra aux acteurs de jouer à fond. "Comme si leur vie en dépendait", disait Audiberti à propos de Joan Crawford dans *Johnny Guitare,* mon film de chevet. »

Le Monde du Spectacle, février 1972.

LA NUIT AMÉRICAINE

Dédié à Dorothy et Lilian Gish.

1972/73 - France/Italie - 115 mn - C. Eastmancolor - Panavision sphérique.

RÉALISATION : François Truffaut. PRODUCTION : Les Films du Carrosse - P.E.C.F. (Paris), P.I.C. (Rome). *Dist. :* Warner Bros.

Scén. et dial. de François Truffaut, Jean-Louis Richard et Suzanne Schiffman. *Mus. de* Georges Delerue.

Im. : Pierre-William Glenn. *Son :* René Levert. *Déc. :* Damien Lanfranchi. *Mont. :* Yann Dedet *assisté de* Martine Barraqué. *Dir. de Prod. :* Claude Miller. *1re assistante mise en scène :* Suzanne Schiffman.

INTERPRÈTES : François Truffaut (Ferrand le metteur en scène), Jacqueline Bisset (Julie Baker/Nelson-Pamela), Valentina Cortese (Séverine), Alexandra Stewart (Stacey), Nathalie Baye (Joëlle la scripte), Jean-Pierre Aumont (Alexandre), Dani (la stagiaire scripte), Jean-Pierre Léaud (Alphonse), Bernard Menez (Bernard l'accessoiriste), Jean Champion (Bertrand le producteur).

Tournage : 25 septembre 1972 au 15 novembre 1972.
Sortie : 3 mai 1973.

Oscar 1973 du meilleur film étranger. Projeté hors compétition au Festival de Cannes, le 14 mai 1973.

« *La nuit américaine* tourne autour de la question : "Le cinéma est-il supérieur à la vie ?", sans y apporter de réponse parce qu'il n'y en a pas, non plus qu'à la question : "Les livres sont-ils supérieurs aux films ?" Autant demander à un enfant s'il préfère son père à sa mère. Le scénario de *La nuit américaine* et le journal de *Fahrenheit 451* permettent peut-être de regarder le cinéma sous deux angles différents, le cinéma en train de se faire, le cinéma en action.
J'espère enfin qu'à travers cet ouvrage, livres et films se mêlent et s'entremêlent, j'espère qu'il font l'amour.
Nous avons tenté de faire de chaque spectateur de notre film un observateur, un stagiaire, qui suivrait les prises de vues pendant sept semaines (durée fictive), pendant une heure cinquante-cinq minutes (durée réelle de la projection). »

Extraits de l'Avant-Propos du scénario de La nuit américaine, *suivi du journal de* Fahrenheit 451 *(Éditions Seghers).*

« — J'ai réalisé *La nuit américaine* comme un documentaire, et il y a très peu de décalage entre le tournage que je montre et celui de mes films. Je me suis imposé des limites bien précises, j'ai respecté l'unité de lieu, de temps et d'action. Pour évoquer la réalisation de *Je vous présente Paméla* — le film du film — j'ai voulu énumérer de façon assez systématique mais plausible toutes les embûches qui peuvent handicaper et menacer la bonne fin de l'entreprise...
— Il y a la nostalgie des films qui n'ont pas peur de raconter une histoire, qui n'ont pas peur du mélodrame, et qui acceptent d'affronter le

jugement. Pour moi, un raconteur d'histoires doit accepter éventuellement de passer pour un idiot aux yeux des disciples de Paul Valéry. Il s'agit toujours de cette bonne vieille marquise qui sort à 5 heures et de décider ce qu'on voudrait lui faire faire et lui faire dire. *Je vous présente Paméla* est l'histoire d'une jeune mariée qui part en fugue avec son beau-père. J'avais choisi cette histoire pour sa simplicité, parce que je savais que le spectateur pourrait à n'importe quel moment trouver les repères du drame. Par confort intellectuel, j'aurais pu laisser complètement dans l'ombre le sujet de *Je vous présente Paméla,* mais j'ai volontairement assumé cette tragédie bourgeoise : elle illustre un cinéma de sentiments que j'ai défendu puis pratiqué et que je serai l'un des derniers à abandonner. »

Le Monde, mai 1973.

« Sur *La nuit américaine*, je me suis rendu compte à la fin du film que mon souci le plus grand était absurde ; je me demandais tout le temps si le public attacherait plus d'importance au tournage du film ou au contenu du "film dans le film". Or, le contenu du "film dans le film" a été regardé si distraitement que je pense maintenant qu'il aurait fallu donner beaucoup plus d'importance à ces scènes pour arriver à une vraie compétition. Il se passe que les gens partent du principe que ce qui est montré de la vie privée est vrai alors que ce qui est montré du "film dans le film" est faux. »

Dominique Maillet
Truffaut in *Lumière du Cinéma, n° 4.*

L'HISTOIRE D'ADÈLE H.

1975 - France - 96 mn - C.
Eastmancolor-Panavision sphérique.

RÉALISATION : François Truffaut.
PRODUCTION : Les Films du Carrosse. Les Artistes Associés.
Dist. : Les Artistes Associés.

Scén. et dial. de François Truffaut, Jean Gruault et Suzanne Schiffmann. *Collaboration de* France Vernor-Guille. *Mus. de* Maurice Jaubert.

Im. : Nestor Almendros. *Son :* Jean-Pierre Ruh. *Déc. :* Jean-Pierre Kohut-Svelko. *Mont. :* Yann Dedet, Martine Barraqué. *Dir. de Prod. :* Claude Miller. *1re assistante mise en scène :* Suzanne Schiffman.

INTERPRÈTES : Isabelle Adjani (Adèle Hugo), Bruce Robinson (lieutenant Pinson), Sylvia Marriott (Mrs Saunders), Joseph Blatchley (Mr Whistler), Carl Matwell (l'ordonnance de Pinson), François Truffaut (un officier).

Tournage : 8 janvier 1975 au 21 mars 1975.
Sortie : 8 octobre 1975.

Grand Prix du Cinéma français.
Meilleur scénario original (New York Film Critics Society).
Isabelle Adjani meilleure actrice (New York Film Critics Society).

« À l'origine de chaque film — ou presque — il y a une image, née de la lecture d'un livre ou d'une scène rêvée. Par exemple, j'ai décidé de tourner *Adèle H.* après avoir imaginé la scène où, à l'île de la Barbade,

Adèle rencontre l'homme qu'elle aime. Depuis des années, elle ne vit que pour une idée fixe : l'amour qu'elle porte à un inaccessible lieutenant. Et, quand elle le retrouve enfin, elle le croise sans le reconnaître. J'ai eu l'envie impérieuse de fixer cette image d'une femme qui va jusqu'au bout d'elle-même, enfermée à ce point dans l'abstraction de son amour qu'elle ne le reconnaît plus quand elle se trouve en face de lui. »

Claude-Marie Trémois
Télérama, octobre 1984.

« C'est pourquoi dans *Adèle H.*, tout le film est en gros plans, pourquoi on ne voit ni une terrasse de café ni un fiacre. On ne voit qu'un gros plan qui voyage pendant tout un film car je voulais que le public ne voie que ce visage, ne s'intéresse plus qu'à cela et ne soit pas distrait par le pittoresque. Tous mes efforts vont dans le sens de se faire regarder, se faire écouter, se rendre plus intrigant, supprimer tout ce qui peut être décoratif. À l'époque de la nouvelle vague, on avait tendance, par exemple, à tourner volontairement dans des endroits étranges ; tout cela est passé. Le film en couleurs donnant trop d'informations, il faut avoir des fonds les plus neutres possibles. »

Dominique Maillet
Lumière du Cinéma, n° 4.

« Dans *Adèle H.*, le pari était : *"Est-ce qu'on peut faire une histoire sans montrer le partenaire ?"* En restant uniquement sur le visage d'une femme. *Adèle H.* c'est une heure et demie d'un gros plan sur Isabelle Adjani. Il ne se passait presque rien d'autre dans le film.

Paul Ceuzin et Gilles Costaz
Le Matin, août 1983.

L'ARGENT DE POCHE

1975/76 - France - 104 mn - C. Eastmancolor-Panavision sphérique.

RÉALISATION : François Truffaut. PRODUCTION : Les Films du Carrosse. Les Artistes Associés. *Dist. :* Les Artistes Associés.

Scén. de François Truffaut et Suzanne Schiffman. *Mus. de* Maurice Jaubert. *Chanson :* « Les enfants s'ennuient le dimanche » de Charles Trenet, chantée par l'auteur.

Im. : Pierre-William Glenn. *Son :* Michel Laurent. *Déc. :* Jean-Pierre Kohut-Svelko. *Mont. :* Yann Dedet *assisté de* Martine Barraqué. *Dir. de Prod. :* Roland Thenot. *1re assistante mise en scène :* Suzanne Schiffman.

INTERPRÈTES : Les enfants : Geory Desmouceaux (Patrick Desmouceaux), Philippe Goldmann (Julien Leclou), Claudio et Franck Deluca (Mathieu et Franck Deluca), Richard Golfier (Richard Golfier), Laurent Devlaeminck (Laurent Riffle), Bruno Staab (Bruno Rouillard), Sébastien Marc (Oscar), Sylvie Grezel (Sylvie), Pascale Bruchon (Martine), Corinne Boucart (Corinne), Ewa Truffaut (Patricia), et le petit Grégory.

Francis Devlaeminck (M. Riffle le coiffeur), Tania Torrins (la coiffeuse), Jean-Marie Carayon (le commissaire, père de Sylvie), Jean-François Stevenin (l'instituteur), Laura Truffaut (Madeleine Doinel, mère d'Oscar).

Tournage : 17 juillet 1975 au 9 septembre 1975.
Sortie : 17 mars 1976.

« Les enfants : Chez eux, tout a la même importance. Les proportions ne sont pas encore établies et tout a un double sens. Quand on voit un enfant s'engager dans une action clandestine, c'est le gosse qui agit et, derrière lui, l'enfance tout entière. Avec eux pas besoin de scénario. Et pourtant, rien n'est documentaire. Tout est fiction. Instinctivement, l'enfant invente la vie, il s'y cogne, mais il développe en même temps toutes ses facultés de résistance. Ce qu'il fait sur l'écran, on a toujours l'impression que c'est la première fois qu'il le fait. Son impatience à comprendre, son pouvoir d'émerveillement en font un intensificateur de vie. J'en ai vu cent cinquante autour de moi pendant le tournage de *L'argent de poche*. C'était passionnant. Ils arrivaient à gommer la routine de mon métier, la merveilleuse machine du cinéma provoquait en eux de l'étonnement joyeux qui réveillait mon bel enthousiasme lorsque j'en observais un en arrêt devant un accessoire, un détail de la technique.
Il ne faut pas, bien sûr, aimer les enfants contre les adultes, les bêtes contre les hommes, mais en revanche je ne vois jamais les hommes-adultes que sous leurs côtés enfants. Même le général de Gaulle, je le voyais ainsi avec ce regard amusé que pouvait avoir sa femme. Les hommes sont des enfants privés de grâce. On me reproche souvent de ne pas mettre en jeu la politique. C'est délibéré.
Il faut se rappeler que rien n'est petit de ce qui concerne l'enfance, la vedette de ce film. » Truffaut cite Hugo : "Les enfants ont le don de me rendre insensé, je les adore, je suis idiot."

L'Express , mai 1977.

L'HOMME QUI AIMAIT LES FEMMES

1976/77 - France - 118 mn - C. Eastmancolor.

RÉALISATION : François Truffaut.
PRODUCTION : Les Films du Carrosse. Les Artistes Associés.
Dist. : Les Artistes Associés.

Scén et dial. de François Truffaut, Michel Fermaud et Suzanne Schiffman.
Mus. de Maurice Jaubert.

Im. : Nestor Almendros. *Son :* Michel Laurent. *Déc. :* Jean-Pierre Kohut-Svelko. *Mont. :* Martine Barraqué-Curie *assistée de* Michèle Nény. *Dir. de Prod. :* Roland Thenot.
1re assistante mise en scène : Suzanne Schiffman.

INTERPRÈTES : Charles Denner (Bertrand Morane), Brigitte Fossey (Geneviève Bigey l'éditrice), Martine

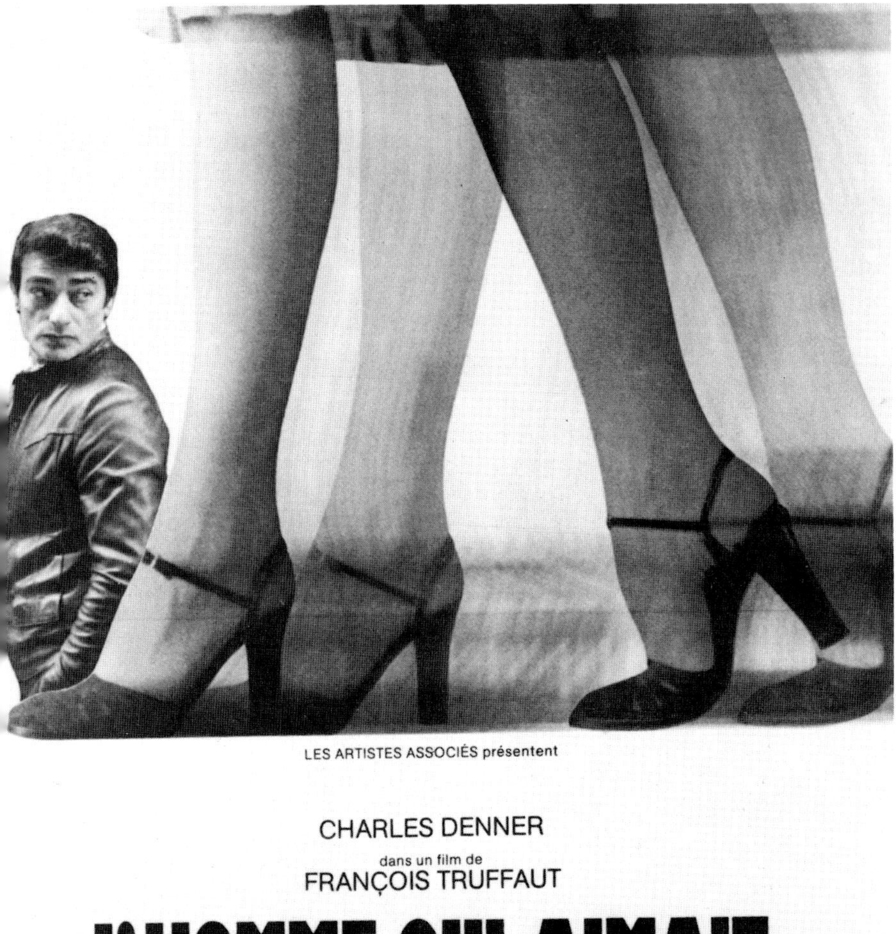

LES ARTISTES ASSOCIÉS présentent

CHARLES DENNER

dans un film de

FRANÇOIS TRUFFAUT

L'HOMME QUI AIMAIT LES FEMMES

scénario de FRANÇOIS TRUFFAUT, MICHEL FERMAUD et SUZANNE SCHIFFMAN

BRIGITTE FOSSEY

NELLY BORGEAUD GENEVIEVE FONTANEL

et

LESLIE CARON

directeur de la photographie NESTOR ALMENDROS - musique de MAURICE JAUBERT

une coproduction LES FILMS DU CARROSSE - LES PRODUCTIONS ARTISTES ASSOCIÉS

distribué par LES ARTISTES ASSOCIÉS

Chassaing (Denise), Nelly Borgeaud (Delphine Grezel), Roselyne Puyo (l'ouvreuse), Geneviève Fontanel (Hélène, marchande de lingerie), Anna Perrier (Uta, la baby-sitter), Nathalie Baye (Martine Desdoits), Monique Dury (Mme Duteil), Sabine Glaser (Bernadette employée « Midi Car »), Nella Barbier (la serveuse), Valérie Bonnier (Fabienne), Leslie Caron (Vera), Roger Lenhardt (M. Betany l'éditeur).

Tournage : 19 octobre 1976
au 5 janvier 1977.
Sortie : 27 avril 1977.

« ...J'ai Charles Denner constamment sur l'écran, c'est mon fil conducteur....
J'aime Charles Denner pour son apparence physique, ses yeux fiévreux, son air inquiet, mais aussi pour sa voix qui est fantastique, magnifique et dont j'ai su qu'elle serait agréable à entendre. Pour ne pas lasser, j'ai rendu Denner laconique dans les dialogues, mais quand il reprend la parole, il la prend pour un certain temps. J'espère que ça ne déplaira pas, il fallait risquer. Je crois qu'une façon de s'exprimer est d'avoir l'esprit de contradiction. Quand on fait une chose dont on sait être le seul à la faire à ce moment-là, on peut redonner à des formes anciennes une certaine force. Je m'intéresse à des formes de narration qui n'intéressent plus les gens actuellement car la mode est à la confession directe. »

Dominique Maillet,
Truffaut in *Lumière du Cinéma, n° 4.*

LA CHAMBRE VERTE

1977/78 - France - 94 mn - C. Eastmancolor.

RÉALISATION : François Truffaut.
PRODUCTION : Les Films du Carrosse. Les Artistes Associés.
Dist. : Les Artistes Associés.

Scén. et dial. de François Truffaut et Jean Gruault. *Adapt. des* thèmes d'Henry James. *Mus. de* Maurice Jaubert.

Im. : Nestor Almendros. *Son :* Michel Laurent. *Déc. :* Jean-Pierre Kohut Svelko. *Mont. :* Martine Barraqué.
Dir. de Prod. : Roland Thénot.
1re assistante mise en scène : Suzanne Schiffman.

INTERPRÈTES : François Truffaut (Julien Davenne), Natalie Baye (Cécilia Mandel), Jean Dasté (Bernard Humbert, rédacteur en chef du *Globe*), Jean-Pierre Moulin (Gérard Mazet), Antoine Vitez (le secrétaire de l'évêque), Jane Lobre (Mme Rambaud, la gouvernante), Patrick Maléon (le petit Georges).

Tournage : 11 octobre 1977
au 25 novembre 1977.
Sortie : 5 avril 1978.

« La chambre verte n'a pas été un film facile à monter mais je tenais beaucoup à ce projet dont le scénario est un puzzle de quelques thèmes d'Henry James et de la vie même de cet auteur, qui n'accepta jamais la disparition de sa fiancée à laquelle, toute sa vie durant, il voua un culte peut-être excessif.

— La fidélité au souvenir des morts me paraissait un thème peu souvent traité au cinéma sous l'angle de la question : que se passerait-il si, cinq ans après la disparition des personnes aimées nos sentiments restaient aussi forts ? Doit-on accepter l'oubli ? Doit-on le refuser ? »

Cinéma Français n° 19, 1978.

L'AMOUR EN FUITE

1978/79 - France - 94 mn - N/B et C.

RÉALISATION : François Truffaut.
PRODUCTION : Les Films du Carrosse. *Dist. : A.M.L.F.*

Scén. original et dial. de François Truffaut, Marie-France Pisier, Jean Aurel et Suzanne Schiffman. *Mus. de* Georges Delerue. *Chanson :* « L'amour en fuite ». *Paroles :* Alain Souchon. *Musique :* Laurent Voulzy.

Im. : Nestor Almendros. *Son :* Michel Laurent. *Déc. :* Jean-Pierre Kohut Svelko. *Mont. :* Martine Barraqué. *Dir. de Prod. :* Roland Thénot. *1re assistante mise en scène :* Suzanne Schiffman.

INTERPRÈTES : Jean-Pierre Léaud (Antoine Doinel), Marie-France Pisier (Colette), Marie Henriau (le juge divorce), Claude Jade (Christine), Daniel Mesguich (Xavier le libraire), Dani (Liliane), Julien Bertheau (M. Lucien), Dorothée (Sabine), Rosy Varte (la mère).

Tournage : 29 mai au 5 juillet 1978.
Sortie : 24 janvier 1979.

« Dans *Les 400 coups*, Antoine Doinel n'était plus moi, le personnage emprunte autant à Jean-Pierre Léaud qu'à moi, il est ce troisième larron qui n'existerait pas sans nous deux...
...Tourner un Doinel, c'est épatant. Vous avez toute liberté d'improvisation. Rien n'est jamais définitivement fixé. On se sent très près de la vie. Après un film oppressant comme “La chambre verte” c'est une respiration très agréable dans le travail. »

LE DERNIER MÉTRO

1980 - France - 128 mn - C. Fujicolor.

RÉALISATION : François Truffaut.
PRODUCTION : Les Films du Carrosse/S.E.D.I.F.-TF1/S.F.P. *Dist. :* Gaumont.

Scén. de François Truffaut et Suzanne Schiffman. *Dial. de* François Truffaut, Suzanne Schiffman et Jean-Claude Grumberg. *Mus. de* Georges Delerue.

Im. : Nestor Almendros. *Son :* Michel Laurent. *Déc. :* Jean-Pierre Kohut-Svelko. *Mont. :* Martine Barraqué. *Dir. de Prod. :* Jean-José Richert. *1re assistante mise en scène :* Suzanne Schiffman.

INTERPRÈTES : Catherine Deneuve (Marion Steiner), Gérard Depardieu (Bernard Granger), Jean Poiret (Jean-Loup Cottins), Heinz Bennent (Lucas Steiner), Sabine Haudepin (Nadine), Andréa Ferréol (Arlette Guillaume), Jean-Louis

Richard (Daxiat), Paulette Dubost (Germaine Fabre).

Tournage : 28 janvier 1980 au 16 avril 1980.
Sortie : 17 septembre 1980.

10 Césars.
Archange du cinéma.
Prix de la Presse Étrangère.
Prix Jean le Duc.
Une nomination aux Oscars.

« C'est vrai. Je ne crois pas à l'idée de formes qui se détruiraient les unes les autres. Je suis persuadé que si la *Splendeur des Amberson* sortait aujourd'hui, ce serait le meilleur film de l'année.
Dali disait aux peintres : "Ne vous souciez pas d'être modernes, parce que malheureusement, quoi que vous fassiez, vous le serez." Je vois le cinéma comme un art classique. Surtout, il était magique. Et il a un peu cessé de l'être à cause de la télévision. Mon travail est d'essayer de retrouver cette magie.
Quand je faisais *Le dernier métro*, c'était mon souci. Je me disais : "Pourvu que les gens entrent dans cette ambiance et n'en sortent plus." C'est pour cela que pendant quarante minutes je ne montrais pas une seule scène de jour. Je me disais : "On se croira sous l'Occupation."

Paul Ceuzin et Gilles Costaz,
Truffaut in *Le Matin, août 1983.*

« C'est un film sur le théâtre, une sorte de *Nuit américaine*, mais dans les coulisses du théâtre et c'est plus grave, à cause de l'époque. Il y a longtemps que je voulais parler du théâtre et par ailleurs de l'Occupation. J'ai réunis les deux thèmes dans le même film, et le moteur a été les multiples livres parus sur les confessions d'acteurs. J'ai remarqué que, dans chacun, le passage le plus intéressant, c'était l'Occupation. Le livre de Jean Marais est celui que j'ai trouvé le plus honnête. Le théâtre sous l'Occupation, c'est passionnant à plusieurs égards. L'Occupation, c'est une chambre d'échos. Ça amplifie tout et particulièrement le théâtre, qui était très vivant à cette époque. »

Anne de Gaspéri
Le Quotidien de Paris, juin 1980.

LA FEMME D'À CÔTÉ

1981 - France - 106 mn - C. Fujicolor.

RÉALISATION : François Truffaut.
PRODUCTION : Les Films du Carrosse - TF1 - Film Production.
Dist. : Gaumont.

Scén. de François Truffaut, Suzanne Schiffman et Jean Aurel. *Mus. de* Georges Delerue.

Im. : William Lubtchansky. *Son :* Michel Laurent. *Déc. :* Jean-Pierre Kohut-Svelko. *Mont. :* Martine Barraqué. *Dir. de Prod. :* Armand Barbau. *1re assistante mise en scène :* Suzanne Schiffman.

INTERPRÈTES : Gérard Depardieu (Bernard Coudray), Fanny Ardant (Mathilde Bauchard), Henri Garcin

(Philippe Bauchard), Michèle Baumgartner (Arlette Coudray), Véronique Silver (Mme Jouve), Roger Van Hool (Roland Duguet), Philippe Morier-Genoud (le psychanaliste).

Tournage : 1er avril 1981 au 15 mai 1981.
Sortie : 30 septembre 1981.

« En tournant *La femme d'à côté* j'ai complètement oublié de penser à Racine ! Le cinéma, comme la chanson est un art populaire. *Le dernier métro* était influencé par Charles Trenet, cette fois c'est Piaf qui m'a inspiré *La femme d'à côté* : Que m'importe si tu m'aimes, je me fiche du monde entier...
... Loin de faire le malheur de Gérard Depardieu, l'héroïne lui fait battre le cœur plus vite, car elle a le don rarissime d'intensifier la vie. Fanny Ardant ne joue pas une femme mauvaise, elle est une sorte de femme fatale malgré elle. Il est évident que chacun de ses regards appelle au secours. C'est pourquoi grace à Fanny Ardant j'ai l'impression d'avoir tourné mon film le plus féministe. »

France-Soir, 30 septembre 1981.

« Il faut faire des films qui ressemblent à un roman.
J'avais regretté dans *Le dernier métro* de ne pas confier un rôle plus important à Gérard Depardieu qui est un être riche d'une fascinante violence intérieure. Ici, il est exactement dans son emploi : il n'explose qu'une seule fois, mais j'espère que l'effet de ce débordement est décuplé par l'enthousiasme presque ingénu contenu jusqu'à cette scène.
Vient toujours dans la vie un moment où la logique est écartée. Dans *La femme d'à côté,* il me semble que la fatalité s'empare en fin de compte des personnages. Une sorte de tempête des sens que la raison ne contrôle plus. Mon film est à cet égard essentiellement physique.

VIVEMENT DIMANCHE !

1982/83 - France - 111 mn - N/B.
Kodak film/Agfa/Pyr.

RÉALISATION : François Truffaut.
PRODUCTION : Les Films du Carrosse. A2. SOPROFILMS. *Dist. :* A.A.A. - SOPROFILMS.

Scén. et dial. de François Truffaut, Suzanne Schiffman et Jean Aurel. *Adapt. du* roman de Charles William « The long saturday night ». *Mus. de* Georges Delerue.

Im. : Nestor Almendros. *Son :* Pierre Gamay. *Déc. :* Hilton Mc-Connino. *Mont. :* Martine Barraqué. *Dir. de Prod. :* Armand Barbault et Roland Thénot. *1re assistante mise en scène :* Suzanne Schiffman.

INTERPRÈTES : Fanny Ardant (Barbara Becker), Jean-Louis Trintignant (Julien Vercel), Philippe Laudenbach (maître Clément), Caroline Sihol (Marie-Christine Vercel), Philippe Morier-Genoud (commissaire Santelli), Xavier Saint-

Ardant, J-L Trintignant
VIVEMENT DIMANCHE!
UN FILM DE
François Truffaut
économie
D'après "THE LONG SATURDAY NIGHT" de CHARLES WILLIAMS
Avec JEAN-PIERRE KALFON, PHILIPPE LAUDENBACH, PHILIPPE MORIER-GENOUD
XAVIER SAINT MACARY, JEAN-LOUIS RICHARD et CAROLINE SIHOL
Adaptation et dialogues FRANÇOIS TRUFFAUT, SUZANNE SCHIFFMAN et JEAN AUREL
Directeur de la Photographie NESTOR ALMENDROS. MUSIQUE de GEORGES DELERUE
Une production FILMS DU CARROSSE - FILMS A 2 - SOPROFILMS Distribué par A.A.A. SOPROFILM

Macary (Bertrand Fabre, photographe), Jean-Pierre Kalfon.

Tournage : 4 novembre 1982 au 21 décembre 1982.
Sortie : 10 août 1983 à Paris.

Deux nominations aux Césars.

« Ce film, non seulement en noir et blanc, mais dans lequel, aussi, les trois quarts de l'action se déroulent pendant la nuit, sous la pluie, avec la lumière, on voit tout dans l'image, et le mystère s'absente aussitôt. D'une manière générale, la version nuit d'une scène est toujours préférable, parce que plus énigmatique, à sa version jour : la nuit apporte la fiction. C'est comme si vous photographiez un visage : de pleine face il n'est que lui-même, mais si vous avez, dans le cadre, l'amorce de l'épaule ou de la nuque de quelqu'un, c'est déjà le début d'une histoire. Dans mon travail, je suis toujours guidé par la haine du documentaire, et le documentaire, c'est ce qui donne à voir les choses ou les êtres sans l'amorce d'une fiction. Or l'excès de lumière écrase la fiction, la tasse sur elle-même et l'appauvrit. Je n'aime pas le ciel trop bleu des westerns, si bleu, presque blanc, que l'on voit le grain de l'écran. Là, il faut faire comme les peintres, et filmer en sorte que la toile devienne invisible. Dans les westerns, dès que les héros arrivent dans un sous-bois, que leurs silhouettes se découpent sur fond sombre, j'y crois, mais dès que je vois le ciel, je n'y crois plus. Pour être rempli, et bien rempli, l'écran doit se méfier de la lumière. J'ajoute que, pour *Vivement dimanche*, j'avais envie de filmer Fanny Ardant en héroïne nocturne et mystérieuse : à quoi pouvait donc servir la couleur ? »

Jean-François Josselin
Nouvel Observateur, septembre 1983.

NEF DIFFUSION présente
CHARLES AZNAVOUR
TIREZ sur le PIANISTE
Mise en scène FRANÇOIS TRUFFAUT
MARIE DUBOIS . NICOLE BERGER . MICHELE MERCIER . BOBY LAPOINTE
DANIEL BOULANGER . SERGE DAVRI . ALBERT REMY

REALISATEUR
VIDEOGRAPHIE

TIREZ SUR LE PIANISTE
1961. (Master Production).

LE DERNIER MÉTRO
1980. (A.A.A.) 6 minutes supplémentaires.

LA FEMME D'À CÔTÉ
1981. (A.A.A.)

VIVEMENT DIMANCHE
1983. (A.A.A.)

LES LIVRES DE FRANÇOIS TRUFFAUT (éditions françaises)

1966 : Le cinéma selon Hitchcock. *Robert Laffont, puis Seghers 1975. Édition définitive : Ramsay 1983.*

1970 : Les aventures d'Antoine Doinel. *Mercure de France, 1970.*

1974 : La nuit américaine *et le* Journal de tournage de Fahrenheit 451. *Seghers (Cinéma 2000).*

1975 : Les films de ma vie. *Flammarion.*

1976 : L'argent de poche : ciné-roman. *Flammarion.*

1977 : L'homme qui aimait les femmes. *Flammarion.*

1972 : La politique des auteurs *(Collectif). Champ libre.*

1984 : La politique des auteurs *(Collectif). « Cahiers du Cinéma ».*

1981 : *Réponse à l'enquête de Tay Garnett dans* Un siècle de Cinéma. *Hatier 1981.*

PRINCIPAUX LIVRES CONSACRÉS À FRANÇOIS TRUFFAUT

1970 : The Cinema of François Truffaut, *Graham Petrie. New York, Barnes and Cie, 1970.*

1972 : L'univers de François Truffaut, *Dominique Fanne. Paris, Éd. du Cerf.*

François Truffaut, *C.G. Crisp. New York, Praeger Pub. Inc.*

1973 : Aline Desjardins s'entretient avec François Truffaut, *Aline Desjardins Montréal, Éd. Lemeac.*

Three European Director : Truffaut, Fellini, Buñuel, *James M. Wall. Grand Rapids, Michigan, William B. Eermans Pub. C.*

Truffaut, *Don Allen. Londres, Secker and Warburg, et New York 1974 : Viking, Cinema One Series.*

Un Américain in Paris, le cinéma de François Truffaut, *H.J. Wunderlich. Nuremberg. Éd. Kine Meisengeige.*

1974 : The Films of François Truffaut, *James Monaco. New York, Zoetrope One.*

François Truffaut, *Ulrich Gregor, Michel Ladiges, Hanns Fischer, Helmut Prinzler. Munich, Éd. Carl Hanser Verlag.*

1976 : François Truffaut, *Alberto Barbera. Florence, Éd. La Nuova Italia.*

1977 : François Truffaut, *Massimo Marchelli, Milan, Moizzi Editore.*
Le Cinéma de François Truffaut, *Jean Collet. Paris, l'Herminier-Filméditions.*

1978 : François Truffaut, *Annette Insdorf. Boston, G.K. Hall, Twayne Publishers.*

1980 : Cycle François Truffaut, *Joao Bénard da Costa. Lisbonne, Éd. Fundaçâe Calouste Gulbenkian.*
Truffaut et le Cinéma, *Shighehiko Hasumi et Keichi Yamada. Tokyo, Éditions Hanashi no Tokushu.*

1982 : François Truffaut (textes réunis par *Mario Simondi). Florence, Éd. La Casa Usher.*
François Truffaut, *Elisabeth Bonnafons. Lausanne, l'Age d'homme.*
François Truffaut. A guide to references and resources, *Eugene P. Walz. Boston, G.K. Hall and Cie.*

1983 : Le Cinéma selon Truffaut, *Shigehiko Hasumi et Keichi Yamada. Tokyo, Éd. Chuo Koron-Scha.*

1985 : Le roman de François Truffaut (Collectif). *Cahiers du Cinéma-Éditions de l'Étoile.*

1985 : Truffaut par Truffaut, Dominique Rabourdin. *Éd. du Chêne.*

1987 : Correspondance de François Truffaut, Gilles Jacob et Claude de Givray, *Éditions Hatier.*

PUBLICATIONS FRANÇAISES DES SCÉNARIOS DES FILMS DE FRANÇOIS TRUFFAUT

1959 : Les Quatre Cents Coups, *racontés par Marcel Moussy. Gallimard.*

1961 : Les Mistons. *L'Avant-scène n° 4.*

1961 : Une histoire d'eau. *L'Avant-scène n° 7.*

1962 : Jules et Jim. *L'Avant-scène n° 16.*

1965 : La Peau douce. *L'Avant-scène n° 48.*

1968 : À bout de souffle. *Le scénario d'origine de François Truffaut. L'Avant-scène n° 79.*

1970 : L'enfant sauvage. *L'Avant-scène n° 107.*

1972 : Les deux Anglaises et le continent. *L'Avant-scène n° 121.*

1976 : L'Histoire d'Adèle H. *L'avant-scène n° 165.*

1978 : La chambre verte. *L'Avant-scène n° 215.*

1980 : L'Amour en fuite. *L'Avant-scène n° 254.*

1983 : Le dernier métro - Une visite. *L'Avant-scène nos 303-304.*

DISCOGRAPHIE : MUSIQUES DE FILMS

Extraits de la bande sonore originale des films :

LES 400 COUPS
Musique de Jean Constantin.
45t Vogue 76 31.

LA MARIÉE ÉTAIT EN NOIR
Musique de Bernard Hermann.
45t Unité d'Artistes 36 122.

L'ENFANT SAUVAGE
Musique de Vivaldi, direction Antoine Duhamel.
45t Pathé-Marconi 91 021.

DOMICILE CONJUGAL
Musique de Antoine Duhamel.
45t Hortensia 86 36.

BAISERS VOLÉS
Musique de Antoine Duhamel.
45t Unité d'Artistes/Philips 38 219.

LA SIRÈNE DU MISSISSIPPI
Musique de Antoine Duhamel.
33t Pathé-Marconi 90 441.

Discographie TRUFFAUT/DELERUE :

JULES ET JIM
Tourbillon, Brouillard, Générique, Vacances interprétées par Jeanne Moreau accompagnée par Georges Delerue et son orchestre.
45t Philips 432 728.

LA PEAU DOUCE
Musique de Georges Delerue.
45t Philips 434 887.

LA NUIT AMÉRICAINE
Musique de Georges Delerue.
45t Filipacchi 16 274.

UNE BELLE FILLE COMME MOI
Musique de Georges Delerue et Jacques Dacin.
45t RCA 40 016.

L'AMOUR EN FUITE
Musique de Georges Delerue.
45t RCA Sidonie PB 83 00.

LES DEUX ANGLAISES
Musique de Georges Delerue.
45t Disques AZ.

LE DERNIER MÉTRO
Musique de Georges Delerue.
33t Pathé-Marconi 72 274.
(Édité également en K7).

LA FEMME D'À CÔTÉ
Musique de Georges Delerue.
33t RCA 37 260.

VIVEMENT DIMANCHE
Musique de Georges Delerue.
33t Milan A 213.

Extraits de la bande sonore des films : Vivement Dimanche !,
La femme d'à côté, Le dernier métro, L'amour en fuite, La nuit américaine.
Collection La musique dans le film.
33t Milan A220.

Discographie TRUFFAUT/JAUBERT :
L'HISTOIRE D'ADÈLE H. : musique Maurice Jaubert — extraits de l'île de Pâques, La guerre de Troie n'aura pas lieu, la « Cavatine d'après Bellini », la « Suite Française » dans son intégralité, et les principaux numéros de l'Atalante que François Truffaut a voulu faire enregistrer dans la perspective de ce disque.
33t Pathé-Marconi C 066-14216.

L'ARGENT DE POCHE :
« Divertimento » de la « Sonata a due », au verso « Les enfants s'ennuient le dimanche », de Charles Trenet.
45t Pathé-Marconi C 010-14297.

L'HOMME QUI AIMAIT LES FEMMES : extraits des « Intermèdes » pour cordes : « Ouvertures et Forlane », générique de début et de fin, « Chacone ».
45t Pathé-Marconi C 066-14435.

Album FRANÇOIS TRUFFAUT/MAURICE JAUBERT
Extraits de la bande sonore : « Adèle H. L'argent de poche, L'homme qui aimait les femmes ».
Musique de Maurice Jaubert dirigée par Patrice Mestral.

Extraits de « La chambre verte » : extrait du concert flamand 1936 ; Prélude, Chanson, Choral varié, Ricercare. Ronde non diffusée dans la bande originale.
Extraits de l'Histoire d'Adèle H. ; suite française, Préambule et Pastourelle, air, valse intermède, ronde.
Extraits de « L'homme qui aimait les femmes » : Intermèdes pour orchestre à cordes 1936 ; Ouverture et Forlane, Chacone et Gigue, Musique de nuit non utilisée dans la bande sonore originaire du film.

Extraits de « L'argent de poche » : extrait de la « Sonata a due » pour violons, violoncelles et cordes, 1936, divertimento.

Collection La Musique dans le film
33t Milan A 293 RC 270.

TABLE

Sources des illustrations

Les Cahiers du cinéma : 24.
Christophe L. : 88, 89
Les films du Carrosse : 9, 12, 13, 16, 22, 32, 33, 44, 56, 56-57, 60-61, 69, 74, 76, 96, 97, 104, 105, 106, 109, 112, 113, 120, 121, 125, 132, 133, 136, 137, 140, 141, 144, 145, 169, 152, 167, 175, 180, 182.
KIPA : 29, 40, 41.
Lachenay : 25.
MAGNUM : 96 ; R. Depardon : 100 ; P. Halsman : 6.
Collection Claude Nahon : 80.
STARS-FILMS : 44-45.
STILL : 5.
SYGMA : R. Melloul : 128.
Télérama : 17, 20-21, 48, 52, 53, 58, 64-65, 66, 68, 72-73, 74, 77, 84, 85, 92, 93, 98, 101, 112, 117, 127, 138, 153.

Réalisation technique : Françoise Radux.
Direction artistique : Yves Le Houerf.
Maquette : Michèle Fraudreau.
Iconographie : Marie-Madeleine Nahon.

aris
Imprimé par l'Imprimerie CLERC
à Saint-Amand-Montrond
N° d'éditeur : 6266 - N° d'imprimeur : 3921
Dépôt légal : septembre 1988